中国全図

乌鲁木齐
Wūlǔmùqí

新疆维吾尔自治区
Xīnjiāng Wéiwú'ěr Zìzhìqū

甘肃省
Gānsù Shěng

宁夏回族自治区
Níngxià Huízú Zìzhìqū

银川
Yínchuān

青海省
Qīnghǎi Shěng

西宁
Xīníng

兰州
Lánzhōu

西藏自治区
Xīzàng Zìzhìqū

四川省
Sìchuān Shěng

成都
Chéngdū

拉萨
Lāsà

贵州省
Guìzhōu Shěng

贵阳
Guìyáng

云南省
Yúnnán Shěng

昆明
Kūnmíng

中国地图

黑龙江省	Hēilóngjiāng Shěng
哈尔滨	Hā'ěrbīn
内蒙古自治区	Nèi-Měnggǔ Zìzhìqū
长春	Chángchūn
吉林省	Jílín Shěng
沈阳	Shěnyáng
辽宁省	Liáoníng Shěng
呼和浩特	Hūhéhàotè
北京市	Běijīng Shì
河北省	Héběi Shěng
天津市	Tiānjīn Shì
太原	Tàiyuán
石家庄	Shíjiāzhuāng
济南	Jǐnán
山西省	Shānxī Shěng
山东省	Shāndōng Shěng
西安	Xī'ān
郑州	Zhèngzhōu
江苏省	Jiāngsū Shěng
陕西省	Shǎnxī Shěng
河南省	Hénán Shěng
安徽省	Ānhuī Shěng
南京	Nánjīng
上海市	Shànghǎi Shì
湖北省	Húběi Shěng
合肥	Héféi
重庆市	Chóngqìng Shì
武汉	Wǔhàn
杭州	Hángzhōu
长沙	Chángshā
浙江省	Zhèjiāng Shěng
南昌	Nánchāng
湖南省	Húnán Shěng
江西省	Jiāngxī Shěng
福建省	Fújiàn Shěng
福州	Fúzhōu
台北	Táiběi
广西壮族自治区	Guǎngxī Zhuàngzú Zìzhìqū
广东省	Guǎngdōng Shěng
台湾省	Táiwān Shěng
南宁	Nánníng
广州	Guǎngzhōu
香港	Xiānggǎng
澳门	Àomén
海口	Hǎikǒu
海南省	Hǎinán Shěng

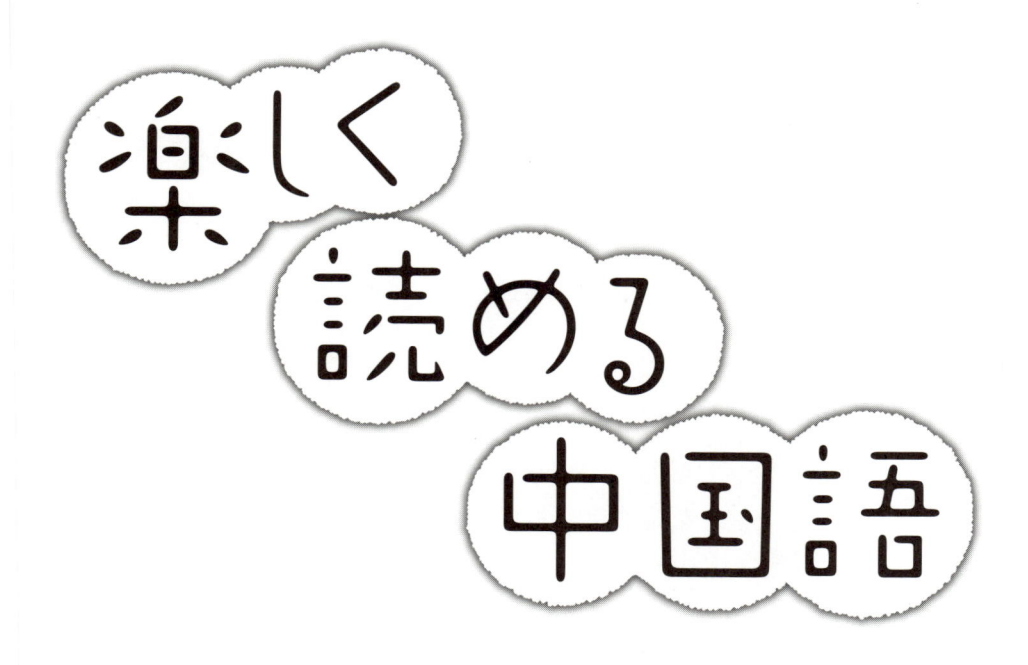

楽しく読める中国語

胡金定　吐山明月　著

白帝社

WEB 上での音声ファイルダウンロードについて

■ 『楽しく読める中国語』の音声ファイル（MP3）を無料でダウンロードすることができます。
「白帝社」で検索，または下記サイトにアクセスしてください。
http://www.hakuteisha.co.jp/news/n45070.html
※別途ダウンロードアプリや解凍アプリ（Clipbox など）が必要です。
スマートフォンからは上記 URL を直接入力するか，右の QR コードでアクセスすることができます。

■ 本文中の 000 マークの箇所が音声ファイル（MP3）提供箇所です。ファイルは ZIP 形式で圧縮された形でダウンロードされます。
　　　吹込：凌慶成・李洵・毛興華

■ ダウンロードがご不便な場合は，実費にて CD に音声を入れてお送りします。下記までご連絡ください。
　　　㈱白帝社　電話 03-3986-3271　E-mail：info@hakuteisha.co.jp

■ 本書と音声は著作権法で保護されています。

ご注意
＊ 音声の再生には，MP3 ファイルが再生できる機器などが別途必要です。
＊ ご使用機器，音声再生ソフトに関する技術的なご質問は，ハードメーカー，ソフトメーカーにお問い合わせください。

はしがき

　本書は大学の第2外国語向けに読解を中心として編集した中国語初級教材です。授業時間を有効に利用するため，授業中の説明は最小限に留め，教室では学習者本位の授業となるよう，すべての課文，例文に日本語訳を付けて学習者のモチベーションを上げる工夫をしています。学習初期から文章を読むことに慣れるために，発音の学習が終わるとすぐに短い文章の課文を読み始めます。各課の内容は，学生の日常的な生活の場面及び上海への旅行，中国での見聞，買い物など多岐にわたっています。

　授業中の教員による説明は極力少なくして，学生の練習量を増やし，「読む・書く・作文する」能力が身に付けられるようにしています。中国語の検定試験によく出題される練習形式を採用し，検定試験にも対応できる教材として編まれました。

　本書は14の課と3つの復習と3つの付録から構成されています。大学の1年間30回（前期15回，後期15回）の授業で十分使いこなせる分量です。

　音声は，入門から中国語の文章朗読の声調（リズム）に慣れるように，ネイティブが普段朗読するスピードで吹き込まれています。

第1課～第4課は発音です。

　入門の段階で中国語の発音をマスターできるように，4課に分けて発音の基礎を学習します。各課「録音について復唱しよう」で発音練習と共に語句を勉強します。その後「録音を聞いて次の語句をピンインで書き取ろう」でリスニングとピンインの綴り方を習います。各課の最後に「確認テスト」を設け，課毎に小テストを行います。読解中心の教科書でありながら，見て読める，聞いて書けるようにも構成されています。

第5課～第14課は課文・文法トレーニング・さまざまな表現＆補充語句からなっています。

課文　中国語の文章を読みます。

　　　文章を理解するために，1.新出語句にピンインと日本語の意味を書く練習，2.本文中のセンテンスをピックアップし，課文の見開き頁に配した日本語訳を中国語に翻訳する練習をします。3.また，早い段階でピンインに頼ることなく中国語の文を朗読できるよう短文朗読の欄を設けています。さらに「覚えて便利な会話」では2句取り上げています。

文法トレーニング　基礎文法事項。各課4項目の文法事項を設けています。

　　　文法トレーニングは斬新な試みです。一つの文法事項を習うと，すぐに暗唱コーナーで会話練習を行います。その後の作文問題で各文法事項が確実に覚えられるようにしています。例文全てに日本語訳が付されています。

さまざまな表現＆補充語句　文法事項として取り上げていない表現や本文と関連のある表現を

　　　　分かりやすい例で示しています。また，関連語句を表の形でまとめているので，学習の
　　　　整理に役立ちます。

復習　文法の復習，総合的な練習問題という形でこれまでに習ったことを段階的にまとめてい
　　　ます。文法や表現のおさらい，読解力の確認，検定試験の模擬試験にも使えます。

付録　1. Ⅰ第1課～第4課「確認テストの解答」，Ⅱ復習2，3「総合練習の解答」。2.第5課～
　　　第14課「本文日本語訳」。3.語彙表。予習，復習や1年間の総復習に活用できます。

　　さらに，「中国の世界遺産」「中国概況」の2つのコラムを設けて中国についての知識の幅を
広げます。

　　　　　　　　胡金定　中国語学習サイト　http://www.kokintei.com

中国語について

1 漢字

「漢字」は中国殷代(いんだい)（紀元前15世紀頃）に作り出されて以来，幾度も変化が起こり，現在の形になっている。現在，中国本土のほかに，香港，マカオ，台湾，日本，朝鮮半島，シンガポール及び世界各国にいる華僑・華人の間でも使われている。漢字の祖先となる最も古い文字は「甲骨文字」である。漢字は象形，指事，会意，形声，転注，仮借などの方法によって作られた表意文字であり，表音的にも用いられている。日本には早くから伝わり，漢字の構成方法に倣って新しく生まれた漢字もある。例えば，「辻（つじ）」，「峠（とうげ）」，「榊（さかき）」，「凩（こがらし）」，「鰯（いわし）」などである。これらの漢字を「国字」という。日本でできた漢字語の組み合わせで，中国に逆輸入された言葉（語彙）もある。例えば，「政治，経済，幹部，取締」などである。漢字の意味は日本と中国は大半同じであるが，違うものも結構ある。日本語の「床」は，中国語は「ベッド」という意味になる。日本語の「手紙」は，中国語は「トイレット・ペーパー」になる。同じ漢字でありながら，うっかりすれば誤解を招いてしまうこともある。

1956年，中国では文字改革が行われ，多くの漢字が簡略され「簡体字(かんたいじ)」といわれるようになる。簡略されていない従来の漢字は「繁体字(はんたいじ)」という。台湾では繁体字を使用している。日本語の漢字は一部日本式に簡略化しているものもあるが，基本的に繁体字を使用している。次に日本漢字，繁体字，簡体字の例を挙げてみよう。

日本漢字	車	書	愛	電	楽	発	対	圧	国	紅	語	飯
繁体字	車	書	愛	電	樂	發	對	壓	國	紅	語	飯
簡体字	车	书	爱	电	乐	发	对	压	国	红	语	饭

2 発音表記（拼音 ピンイン）

1958年，中国では漢字の読み方を示すものとして，アルファベット・ローマ字（英語の読み方とは若干違う）によって現代中国語が綴られる「漢語拼音方案」が実施され，以来中国語の漢字発音教育，辞書の配列順などに適用されている。"拼音（ピンイン）"は現代中国語の表音記号として使われるようになり，現代中国語の音節（原則として1文字は1音節で発音される）は「子音＋母音」または「母音だけ」で構成されている。"普通话"（中国語の標準語）には，母音が36個あり，子音が21個ある。これらが組み合わさった音節は400以上ある（付録「中国語音節表」を参照）。先ず"拼音（ピンイン）"をマスターすることが中国語学習の第一歩である。

音節の中での高低，昇降の変化で語義を区別する音調を声調(せいちょう)という。"普通话"（共通語）には第1声（陰平声），第2声（陽平声），第3声（上声），第4声（去声）の4種類の声調があり，これを四声(しせい)という。

3 文法

中国語の文法は日本語，英語よりもシンプルである。英語のような「格変化」，日本語の用

言の語尾変化もない。敬語表現はあるが，日本語のように複雑ではない。基本文型は「SVO」(主語＋述語＋目的語)である。例えば"我吃饭（私はご飯を食べる）"。形容詞述語文の語順は「SV」(主語＋述語)で日本語の語順と同じである。例えば，"她很漂亮（彼女はとても美しい）"。修飾語は日本語と同じように被修飾語の前に置く。中国語の文法は語順（文型）が最も重要である。初級の段階から，多くの中国語に接して，語→語句（フレーズ）→文型の順でいろいろな基本文型を覚え，更に覚えた文型で置き換え練習をして中国語の語感を養おう。

4 標準語（普通话）と方言

　中国は多民族の国家である。人口の9割以上を占める漢民族の言語は"汉语"で，中国国家の法定の言語である。中国には漢民族を除いて，55の少数民族が存在する。少数民族にはそれぞれの言語や文字があり，漢民族にも多くの方言が存在する。日常生活ではそれぞれの言語や方言を使い，政府機関，テレビ，ラジオ，学校，会社，空港，駅，デパートなどの公的な場所では"普通话"使用を義務付けられている。"普通话"は，北京語（北京の方言）の発音を標準音，北方方言の語彙を基礎語彙，典型的な現代口語体の著作物を文法の規範とする現代中国語の標準語であり，中国の共通語として使われている。"普通话"を学習すれば，中国のどこへ行っても通じる。私たちがこれから学習する「中国語」は，この"普通话"である。

　参考までに"汉语"の方言区を挙げると，北方方言区，呉方言区，贛(かん)方言区，湘(しょう)方言区，閩(びん)方言区，客家(はっか)方言区，粵(えつ)方言区の7つである。

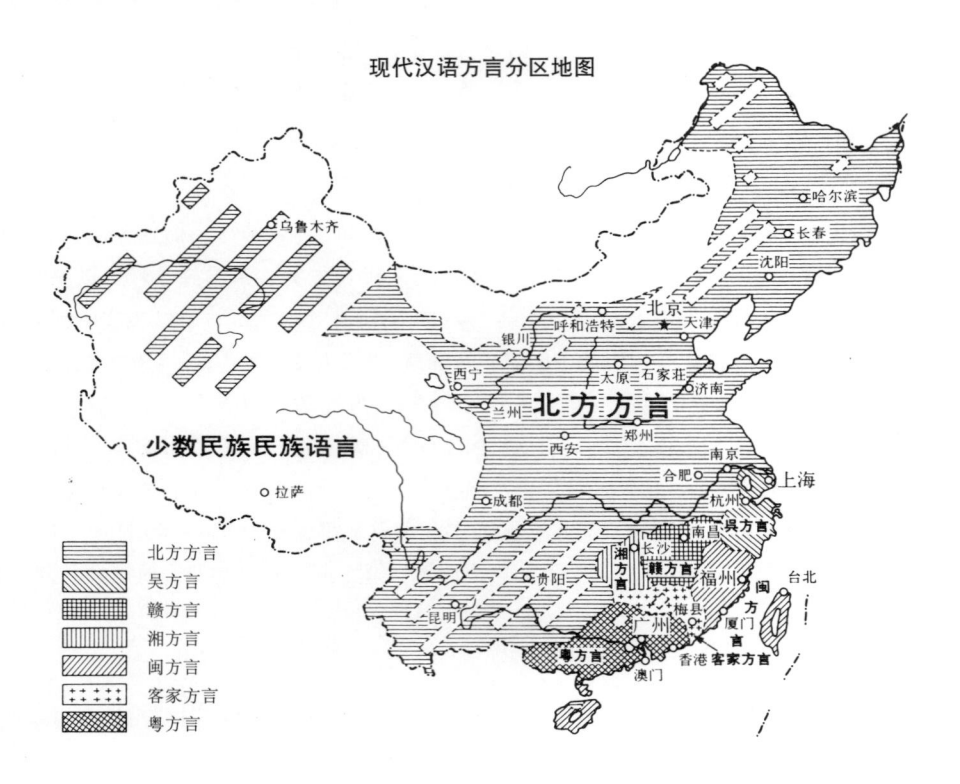

現代汉语方言分区地图

日本漢字と中国漢字(簡体字)対照表

日本の漢字		中国の漢字		日本の漢字		中国の漢字	
偏旁	例字	偏旁	例字	偏旁	例字	偏旁	例字
言	誰 語	讠	谁 语	褱	壞 懷	不	坏 怀
阝	陽 陸	阝	阳 陆	睘	還 環	不	还 环
𠂤	師 帥	丿	师 帅	𭕄	勞 營	芢	劳 营
堇	難 漢	又	难 汉	龍	龍 瀧	龙	龙 泷
雚	觀 歡	又	观 欢	戠	識 職	只	识 职
幾	幾 機	几	几 机	金	鉄 鐘	钅	铁 钟
門	問 間	门	问 间	鳥	鶏 鳥	鸟	鸡 鸟
食	飯 餃	饣	饭 饺	巠	経 径	圣	经 径
昜	湯 場	汤	汤 场	東	東 陳	东	东 陈
馬	馬 駕	马	马 驾	戔	錢 淺	戋	钱 浅
糸	経 給	纟	经 给	買	買 売	买	买 卖
為	為 偽	为	为 伪	斉	済 剤	齐	济 剂
無	無 蕪	无	无 芜	頁	題 順	页	题 顺
專	専 伝	专	专 传	埶	熱 勢	执	热 势
車	車 転	车	车 转	堯	焼 暁	尧	烧 晓
貝	則 質	贝	则 质	喬	橋 驕	乔	桥 骄
見	覚 観	见	觉 观	僉	験 剣	佥	验 剑
長	張 長	长	张 长	歯	歯 齢	齿	齿 龄
風	風 飄	风	风 飘	魚	魚 漁	鱼	鱼 渔
岡	岡 剛	冈	冈 刚	骨	骨 滑	骨	骨 滑
侖	論 輪	仑	论 轮	達	達 韃	达	达 鞑

目　次

中国語について …………………………………………………………………… iii

第 1 课　声調・単母音・複合母音 ……………………………………………… 6

第 2 课　子音（1）…………………………………………………………………… 10

第 3 课　子音（2）…………………………………………………………………… 14

第 4 课　鼻母音 ……………………………………………………………………… 18

復習 1 ……………………………………………………………………………… 22

　　Ⅰ．儿化音
　　Ⅱ．声調　　1．"不"の変調　　2．"一"の変調
　　　　　　　　3．第三声　　　　4．声調の組み合わせ
　　Ⅲ．数字　　Ⅳ．疑問詞　　Ⅴ．表記上の注意点

　■ 挨拶ことば …………………………………………………………………… 28
　■ 教室用語 ……………………………………………………………………… 29

第 5 课　我是大学生 ………………………………………………………………… 30

　　文法トレーニング　　　　　　　**さまざまな表現＆補充語句**
　　1．動詞述語文　　　　　　　　　1．年齢の言い方
　　2．"是"の用法　　　　　　　　　 2．副詞"也"
　　3．形容詞述語文　　　　　　　　3．疑問文のパターン
　　4．構造助詞"的"　　　　　　　　・人称代詞
　　　　　　　　　　　　　　　　　・指示代詞

第 6 课　今天有汉语课 ……………………………………………………………… 36

　　文法トレーニング　　　　　　　**さまざまな表現＆補充語句**
　　1．"在"の用法　　　　　　　　　 1．日時の語順
　　2．動詞"有"　　　　　　　　　　 2．喜欢＋語句
　　3．量詞　　　　　　　　　　　　3．存在を表す"有"と"在"
　　4．名詞述語文　　　　　　　　　・日時
　　　　　　　　　　　　　　　　　・量詞

第 7 课　我打算骑自行车去 ………………………………………………………… 42

　　　　文法トレーニング　　　　　　　さまざまな表現＆補充語句
　　　　1．助動詞"会"　　　　　　　　1．A和B一起（一块儿）＋ 動詞
　　　　2．語気助詞"了"　　　　　　　2．对～感兴趣／有兴趣
　　　　3．連動文　　　　　　　　　　3．准备／打算＋ 動詞句
　　　　4．前置詞"离""从""到"　　　4． ～ ，好吗？／好不好？
　　　　　　　　　　　　　　　　　　　5．疑問詞"怎么"
　　　　　　　　　　　　　　　　　　　・時刻
　　　　　　　　　　　　　　　　　　　・乗り物

第 8 课　我想去上海旅游 ……………………………………………………………… 48

　　　　文法トレーニング　　　　　　　さまざまな表現＆補充語句
　　　　1．助詞"过"　　　　　　　　　1．只＋動詞
　　　　2．数量補語　　　　　　　　　　2．听说 ～
　　　　3．"快～了"　　　　　　　　　3．给～
　　　　4．助動詞"想"　　　　　　　　4． 動詞＋过 没有？　 ～了 没有？
　　　　　　　　　　　　　　　　　　　5．"二"と"两"
　　　　　　　　　　　　　　　　　　　・回数
　　　　　　　　　　　　　　　　　　　・時間

復習 2 ……………………………………………………………………………………… 54

　　　　Ⅰ．文法のまとめ　　1）否定を表す"不"と"没（有）"　　2）前置詞
　　　　　　　　　　　　　　3）"几"と"多少"
　　　　Ⅱ．総合練習

第 9 课　我到上海了 …………………………………………………………………… 62

　　　　文法トレーニング　　　　　　　さまざまな表現＆補充語句
　　　　1．"是～的"構文　　　　　　　1．動態助詞"了"
　　　　2．助動詞"能""可以"　　　　　2．禁止の表現
　　　　3．助動詞"要"　　　　　　　　3．いろいろな"吧"
　　　　4．方向補語　　　　　　　　　　・方向補語
　　　　　　　　　　　　　　　　　　　・方位詞

第 10 课　我走着去外滩……………………………………………………………………　70
　　　文法トレーニング　　　　　　　　さまざまな表現＆補充語句
　　　1．二重目的語　　　　　　　　　1．不怎么＋形容詞
　　　2．助詞"着"　　　　　　　　　　2．请～
　　　3．接続詞"要是"　　　　　　　　3．動詞の重ね型・動詞＋"一下"
　　　4．結果補語　　　　　　　　　　・離合動詞
　　　　　　　　　　　　　　　　　　・結果補語

第 11 课　我们一边吃一边聊天儿……………………………………………………………　76
　　　文法トレーニング　　　　　　　　さまざまな表現＆補充語句
　　　1．"让・叫"構文　　　　　　　　1．可＋形容詞＋了
　　　2．"一边～一边…"　　　　　　　 2．又～又…
　　　3．動態助詞"了"　　　　　　　　3．～＋的＋时候　　～＋时
　　　4．構造助詞"得"　　　　　　　　4．不大＋形容詞
　　　　　　　　　　　　　　　　　　5．虽然～，但是…
　　　　　　　　　　　　　　　　　　・飲み物
　　　　　　　　　　　　　　　　　　・食べ物

第 12 课　我买了几盒茶叶 ……………………………………………………………………　82
　　　文法トレーニング　　　　　　　　さまざまな表現＆補充語句
　　　1．"被"構文　　　　　　　　　　1．動詞＋起（目的語）来
　　　2．前置詞"比"　　　　　　　　　2．形容詞＋多了
　　　3．"A没有B～"　　　　　　　　 3．形容詞＋得很
　　　4．疑問詞の用法　　　　　　　　4．金銭の言い方
　　　　　　　　　　　　　　　　　　5．才＋数量　　才＋時間
　　　　　　　　　　　　　　　　　　・数
　　　　　　　　　　　　　　　　　　・通貨

第 13 课　树下坐着一只熊猫 ……………………………………………………… 88

　　　　　文法トレーニング　　　　　　　　さまざまな表現＆補充語句
　　　　　　1．"因为～，所以…"　　　　　　 1．語気助詞 "呢"
　　　　　　2．助詞 "着"　　　　　　　　　　 2．先～，然后再…
　　　　　　3．"一～，就…"　　　　　　　　　3．形容詞＋了
　　　　　　4．"把" 構文　　　　　　　　　　 4．干支
　　　　　　　　　　　　　　　　　　　　　　・病気
　　　　　　　　　　　　　　　　　　　　　　・天候と季節

第 14 课　我学了一年汉语了 ………………………………………………………… 94

　　　　　文法トレーニング　　　　　　　　さまざまな表現＆補充語句
　　　　　　1．二つの "了" の併用　　　　　　1．～＋地＋動詞
　　　　　　2．"一点儿也（都）"＋否定形　　　2．複文
　　　　　　3．助動詞 "会"　　　　　　　　　・可能補語
　　　　　　4．可能補語

復習 3 ……………………………………………………………………………………… 100

　　　　　Ⅰ．文法のまとめ　　1）アスペクト　　　　　　　2）助動詞
　　　　　　　　　　　　　　　3）語気助詞 "吧" "的" "吗" "呢"
　　　　　　　　　　　　　　　4）動態助詞 "了" と語気助詞 "了"
　　　　　Ⅱ．総合練習

付録1：Ⅰ．第1課～第4課［確認テスト解答］……………………………………… 112
　　　　Ⅱ．復習2，3［総合練習解答］………………………………………………… 112
　　2：第5课～第14课［本文日本語訳］……………………………………………… 117
　　3：語彙表 ………………………………………………………………………… 119

コラム：中国概況 ………………………………………………………………………… 27
　　　　中国の世界遺産リスト ………………………………………………………… 69

●表紙デザイン・イラスト：トミタ制作室

5

第1课　声調・単母音・複合母音

中国語の漢字は1文字が1音節で発音される。音節は子音＋母音，或いは母音だけで構成されている。中国語の標準語には子音が21個あり，母音が36個（単母音6個，巻舌母音1個，複合母音13個，鼻母音16個）ある。これらが組み合わさった音節は400以上になる。（付録「中国語音節表」参照）

1 声調

中国語の音節には声調（音の高低）を伴い，これによって意味を区別している。中国語の標準語には4つの基本的な声調があり，「四声」という。そのほかに本来の声調を失って，軽く発音する「軽声」もある。声調は声調符号によって示される。声調符号は母音の上につける。「軽声」には声調符号をつけない。

1）四声

声調符号	ー	´	ˇ	`
	第1声	第2声	第3声	第4声
	ā	á	ǎ	à

第1声　ā　高く平らに，最後まで同じ高さを保つ。
第2声　á　一気に上げる。
第3声　ǎ　出だしを低く抑えて，最後を上げずに発音する。
　　　　　ただし単独の場合または文末では最後を少し上げる。
第4声　à　一気に下げる。

mā	má	mǎ	mà
妈	麻	马	骂
お母さん	麻	馬	叱る

2）軽声

「軽声」はほかの音節の後ろに来る。前の音節の声調によって高さが違う。

māma　　máma　　mǎma　　màma

■ 録音について復唱しよう。　🔊4

mā　　　　má　　　　mǎ　　　　mà

mā ma　　　má ma　　　mǎ ma　　　mà ma

Māma mà mǎ,　mǎ mà māma.
妈妈 骂 马,　马 骂 妈妈。
お母さんが馬を叱り，馬がお母さんを叱ります。

2 単母音　🔊5

単母音 a o e i u ü は単独で或いは子音と組み合わさって，音節を形成する。
er は巻舌母音で，単独で用いる。

a	口を大きく開けて，日本語の「ア」を明るく発音する。
o	日本語の「オ」より唇を丸く突き出すように発音する。
e	舌の状態を「o」と同じにし，「o」を発音する際の唇の緊張を緩めて，発音する。
i (yi)	日本語の「イ」より唇を左右に大きく引いて発音する。
u (wu)	日本語の「ウ」より唇を丸く突き出して発音する。
ü (yu)	舌の状態を「i」と同じにし，唇をやや緊張させて，横笛を吹くように突き出して発音する。
er	舌先を反りあげて発音する。

表記　i u ü は単独で1音節になる場合に，i → yi　u → wu　ü → yu と表記する。
　　　i は上の点をとってその位置に声調符号をつける。

■ 録音について復唱しよう。　🔊6

a	o	e	i	u	ü	er
ā	á	ǎ	à	ō	ó	ǒ	ò
ē	é	ě	è	yī	yí	yǐ	yì
wū	wú	wǔ	wù	yū	yú	yǔ	yù
ēr	ér	ěr	èr				

yī	èr	wǔ	yú	yǔ	è
一	二	五	鱼	雨	饿
1	2	5	魚	雨	腹が空く

■ 録音を聞いて次の語をピンインで書き取ろう。　　　　　　　　　　　🔊7

①（　　　　　）②（　　　　　）③（　　　　　）④（　　　　　）
　　　二　　　　　　　魚　　　　　　　雨　　　　　　　鵝
　　　2　　　　　　　魚　　　　　　　雨　　　　　　ガチョウ

3　複合母音　　　　　　　　　　　　　　　　　　　　　　　　　　🔊8

母音が2つ以上組み合わさったものを複合母音と言う。複合母音は13個あり，3つの型に分けられている。

>型	前の母音をはっきり	ai	ei	ao	ou	
<型	後の母音をはっきり	ia (ya)	ie (ye)	ua (wa)	uo (wo)	üe (yue)
<>型	真ん中の母音をはっきり	iao (yao)	iou-iu (you)	uai (wai)	uei-ui (wei)	

表記　（　）内は母音だけで1音節になる時の表記。
　　　　声調符号は **a o e i u ü** の順につける。
　　　　iou と **uei** は前に子音があるときは，**iou → -iu**　**uei → -ui** と表記し，声調符号を後ろの母音につける。

■ 録音について復唱しよう。　　　　　　　　　　　　　　　　　　　🔊9

āi	ái	ǎi	ài		ēi	éi	ěi	èi
āo	áo	ǎo	ào		ōu	óu	ǒu	òu

yā	yá	yǎ	yà		yē	yé	yě	yè
wā	wá	wǎ	wà		wō	wó	wǒ	wò
yuē	yué	yuě	yuè					

yāo	yáo	yǎo	yào		yōu	yóu	yǒu	yòu
wāi	wái	wǎi	wài		wēi	wéi	wěi	wèi

ài	wǒ	yě	yuè	yào	yǒu
愛	我	也	月	要	有
好きだ	私	も	〜月	要る	ある・いる

■ 録音を聞いて次の語句をピンインで書き取ろう。

① (　　　　　)　② (　　　　　)　③ (　　　　　)　④ (　　　　　)

　　　一月　　　　　　二月　　　　　　五月　　　　　　有 鱼
　　　1月　　　　　　　2月　　　　　　5月　　　　　　魚がいる

4 確認テスト

1 読まれた方の音節に○をつけなさい。

1) yi – ye　　　2) yu – yue　　　3) wu – wo　　　4) ao – ou

5) ai – ei　　　6) e – er　　　7) wei – wai　　　8) you – yao

2 録音を聞いて母音をピンイン表記で書き取りなさい。

1) _____

2) _____

3) _____

4) _____

3 録音を聞いて声調符号を書き入れなさい。

1) ai　　　2) yi　　　3) wu　　　4) ei　　　5) wo

6) you　　7) wai　　8) yue　　9) yao　　10) ye

第2课　子音 (1)

子音は 21 個で，6 つに分類され，いずれも音節の頭につく。

	無気音	有気音			
唇音	b (o)	p (o)	m (o)	f (o)	
舌尖音	d (e)	t (e)	n (e)		l (e)
舌根音	g (e)	k (e)		h (e)	
舌面音	j (i)	q (i)		x (i)	
そり舌音	zh (i)	ch (i)		sh (i)	r (i)
舌歯音	z (i)	c (i)		s (i)	

＊（　）内は練習用の母音

無気音は息を抑えて出し，有気音は息を強く吐き出す。

　　無気音　b + o　　　　　　有気音　p + o

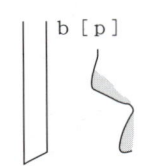

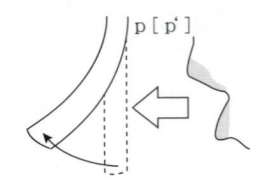

1　唇音　b p m f

b は無気音で，p は有気音である。f は上の歯を軽く下唇にあて，発音する。

■ 録音について復唱しよう。

　　bo　　po　　mo　　fo

音節表①	a	o	e	ai	ei	ao	ou	i	iao	ie	iu	u
b	ba	bo		bai	bei	bao		bi	biao	bie		bu
p	pa	po		pai	pei	pao	pou	pi	piao	pie		pu
m	ma	mo	me	mai	mei	mao	mou	mi	miao	mie	miu	mu
f	fa	fo			fei		fou					fu

bā	bà	pǎo	mèi	mǎi	fēi
八	爸	跑	妹	买	飞
8	お父さん	走る	妹	買う	飛ぶ

■ 録音を聞いて次の語をピンインで書き取ろう。 17

① (　　　　) ② (　　　　　) ③ (　　　　　) ④ (　　　　　)

　　爸爸　　　　　妈妈　　　　　妹妹　　　　　猫
　　お父さん　　　お母さん　　　妹　　　　　　猫

2 舌尖音　d t n l

舌の先を上の歯茎につけ，発音する。d は無気音で，t は有気音である。

■ 録音について復唱しよう。 18

　　de　　te　　ne　　le

音節表②	a	e	ai	ei	ao	ou	i	ia	iao	ie	iu	u	uo	ui	ü	üe
d	da	de	dai	dei	dao	dou	di		diao	die	diu	du	duo	dui		
t	ta	te	tai		tao	tou	ti		tiao	tie		tu	tuo	tui		
n	na	ne	nai	nei	nao		ni		niao	nie	niu	nu	nuo		nü	nüe
l	la	le	lai	lei	lao	lou	li	lia	liao	lie	liu	lu	luo		lü	lüe

　　dà　　　dì　　　tā　　　nǐ　　　lái　　　liù 19
　　大　　　弟　　　他　　　你　　　来　　　六
　　大きい　弟　　　彼　　　あなた　来る　　6

■ 録音を聞いて次の語をピンインで書き取ろう。 20

① (　　　　) ② (　　　　　) ③ (　　　　　) ④ (　　　　　)

　　弟弟　　　　　奶奶　　　　　牛　　　　　　牛奶
　　弟　　　　　　おばあさん　　牛　　　　　　牛乳

3 舌根音　g k h

g は無気音で，k は有気音である。h はハーっと息を吐く時の感じで発音する。

■ 録音について復唱しよう。 21

　　ge　　ke　　he

音節表③	a	e	ai	ei	ao	ou	u	ua	uo	uai	ui
g	ga	ge	gai	gei	gao	gou	gu	gua	guo	guai	gui
k	ka	ke	kai	kei	kao	kou	ku	kua	kuo	kuai	kui
h	ha	he	hai	hei	hao	hou	hu	hua	huo	huai	hui

gē　　　gāo　　　kè　　　kuài　　　hē　　　hǎo
哥　　　高　　　课　　　快　　　　喝　　　好
兄　　（背が）高い　授業　　速い　　　飲む　　よい

■ 録音を聞いて次の語をピンインで書き取ろう。

① (　　　　) ② (　　　　) ③ (　　　　) ④ (　　　　)
　　哥哥　　　　　咖啡　　　　　好喝　　　　　花
　　兄　　　　　コーヒー　　（飲んで）おいしい　花

4 確認テスト

1 読まれた方の音節に○をつけなさい。　　　24

1) bā – pā　　2) dà – tà　　3) gē – kē　　4) hē – hū

5) měi – mǎi　　6) hú – fú　　7) lì – lè　　8) gāi – kāi

2 発音を聞いて□内から該当するピンイン表記を選んで（　）に書き込みなさい。　　25

kāfēi	yǒu	hē	wǒ	tā	mèimei
hǎohē	lái	kè	yě	nǐ	gēge

1) (　　　)(　　　)

咖啡　　好喝。　　　　　　　　　　コーヒーが美味しいです。
コーヒー　（飲んで）美味しい

2) (　　　)(　　　)(　　　)

他　　喝　　咖啡。　　　　　　　　彼はコーヒーを飲みます。
彼　　飲む　コーヒー

3) (　　　)(　　　)(　　　)(　　　)

我　　哥哥　　也　　来。　　　　　私の兄も来ます。
私　　兄　　　も　　来る

4) (　　　)(　　　)(　　　)(　　　)

你　　妹妹　　有　　课。　　　　　あなたの妹さんは授業があります。
あなた　妹　　ある　授業

第3课　子音 (2)

1　舌面音　j q x

j は無気音で，q は有気音である。x は日本語の「シ」の発音に近い。

■ 録音について復唱しよう。

　　　　ji　　qi　　xi　　　　　　"i" は唇を左右に引いてはっきり発音する "i" [i]。

音節表④	i	ia	iao	ie	iu	ü	üe
j	ji	jia	jiao	jie	jiu	ju	jue
q	qi	qia	qiao	qie	qiu	qu	que
x	xi	xia	xiao	xie	xiu	xu	xue

表記　ü は j q x と組み合わさる場合，u と表記する。

jǐ	jiě	jiǔ	qī	qù	xué
几	姐	九	七	去	学
いくつ	姉	9	7	行く	学ぶ

■ 録音を聞いて次の語句をピンインで書き取ろう。

① (　　　　　)　② (　　　　　)　③ (　　　　　)　④ (　　　　　)

　　酒　　　　　　喝 酒　　　　　　大学　　　　　　去 大学
　　酒　　　　　　酒を飲む　　　　　大学　　　　　　大学に行く

2　そり舌音　zh ch sh r

　zh は無気音で，ch は有気音である。舌先を立て上の歯茎よりやや奥のあたりまでそらして，上あごに押し付け，息をその間から摩擦させながら出す。

　sh r は舌先を立て上の歯茎よりやや奥のあたりに近づけ，息をその間から摩擦させながら発音する。

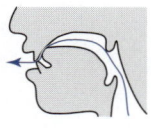

　　　zh(i) ch(i) 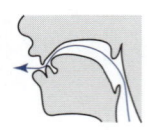　　　　　sh(i) 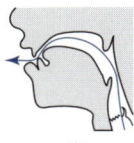　　　　　　r(i)

■ 録音について復唱しよう。

zhi　　chi　　shi　　ri

"i"は唇を左右に引かないで，自然に発音するあいまいな"i"[ɿ]。

音節表⑤	a	e	i	ai	ei	ao	ou	u	ua	uo	uai	ui
zh	zha	zhe	zhi	zhai	zhei	zhao	zhou	zhu	zhua	zhuo	zhuai	zhui
ch	cha	che	chi	chai		chao	chou	chu	chua	chuo	chuai	chui
sh	sha	she	shi	shai	shei	shao	shou	shu	shua	shuo	shuai	shui
r		re	ri			rao	rou	ru	rua	ruo		rui

zhǐ	chī	chē	shí	shū	rè
纸	吃	车	十	书	热
紙	食べる	車	10	本	暑い

■ 録音を聞いて次の語句をピンインで書き取ろう。

① (　　　　) ② (　　　　) ③ (　　　　) ④ (　　　　)
　　汽车　　　　　　开车　　　　　　花茶　　　　　　喝茶
　　車　　　　　車を運転する　　ジャスミン茶　　　お茶を飲む

3 舌歯音　z c s

zは無気音で，cは有気音である。舌先を上歯の裏側に押し付け，息を舌先と歯とのすき間から摩擦させながら発音する。

■ 録音について復唱しよう。

zi　　ci　　si　　　　"i"は唇をやや平らにして発音するあいまいな"i"[ɿ]。

音節表⑥	a	e	i	ai	ei	ao	ou	u	uo	ui
z	za	ze	zi	zai	zei	zao	zou	zu	zuo	zui
c	ca	ce	ci	cai		cao	cou	cu	cuo	cui
s	sa	se	si	sai		sao	sou	su	suo	sui

第3課

zì	zài	cì	cài	sì	suì
字	在	次	菜	四	岁
字	いる	～回	料理	4	～歳

■ 録音を聞いて次の語句をピンインで書き取ろう。

① (　　　　) ② (　　　　) ③ (　　　　) ④ (　　　　)
　　四月　　　　　　四号　　　　　　在 家　　　　　做 菜
　　4月　　　　　　 4日　　　　　　家にいる　　　　料理を作る

4 確認テスト

1 読まれた方の音節に○をつけなさい。

1) cī – chī　　2) qī – chī　　3) shì – sì　　4) lì – rì

5) rì – rè　　6) jī – qī　　7) zì – cì　　8) xué – xié

2 発音を聞いて☐内から該当するピンイン表記を選んで（　）に書き込みなさい。

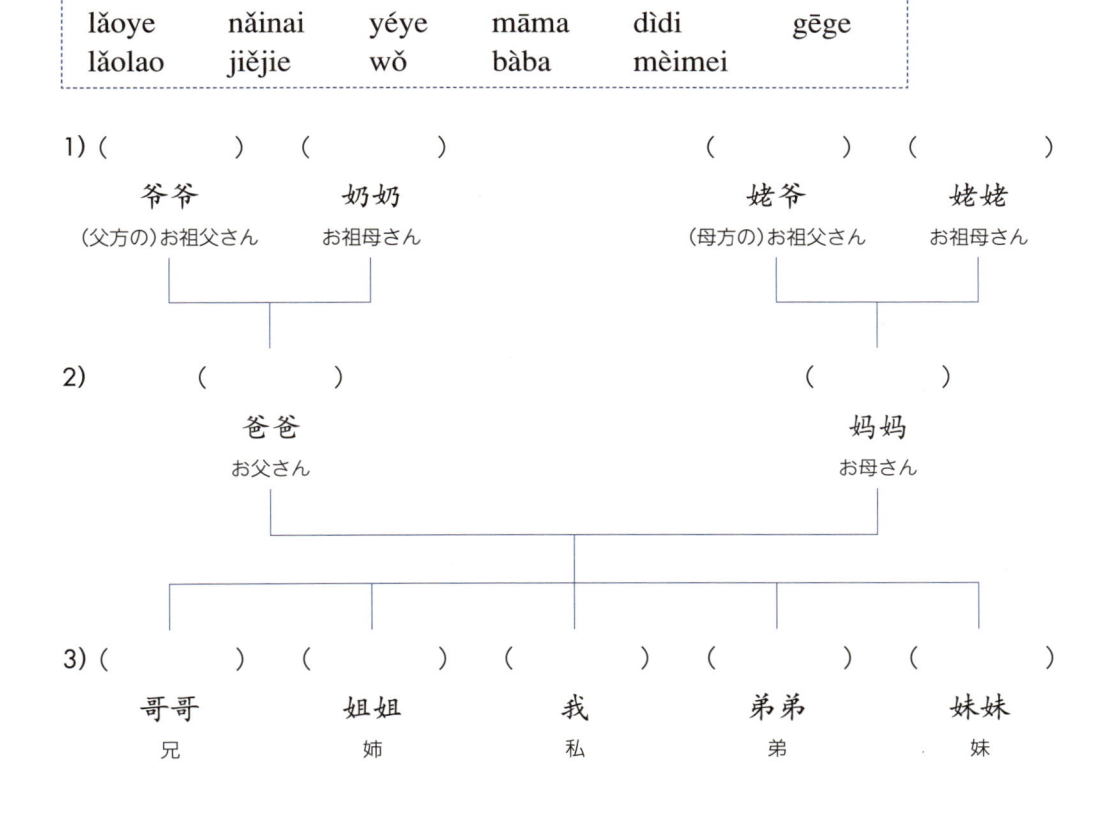

| lǎoye | nǎinai | yéye | māma | dìdi | gēge |
| lǎolao | jiějie | wǒ | bàba | mèimei | |

1) (　　　)　(　　　)　　　　(　　　)　(　　　)
　　爷爷　　　奶奶　　　　　　姥爷　　　姥姥
　（父方の）お祖父さん　お祖母さん　（母方の）お祖父さん　お祖母さん

2) 　　(　　　)　　　　　　(　　　)
　　　　爸爸　　　　　　　　妈妈
　　　お父さん　　　　　　お母さん

3) (　　)　(　　)　(　　)　(　　)　(　　)
　　哥哥　　姐姐　　我　　　弟弟　　妹妹
　　兄　　　姉　　　私　　　弟　　　妹

第4课　鼻母音

鼻母音

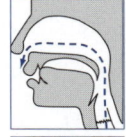

-n　発声してから舌先を上歯茎につけて鼻から息を出す。
日本語の「あんない（案内）」の「ん」と同じ要領。

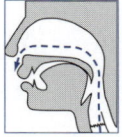

-ng　舌の付け根を持上げて，軟口蓋につけて鼻から息を出す。
日本語の「あんがい（案外）」の「ん」と同じ要領。

an	ang	en	eng	ong
-ian (yan)	-iang (yang)	-in (yin)	-ing (ying)	-iong (yong)
-uan (wan)	-uang (wang)	uen -un (wen)	-ueng (weng)	
-üan (yuan)		-ün (yun)		

表記　**in　ing** は単独で1音節になる場合は，**in → yin**　**ing → ying** と表記する。
uen の前に子音がある時は，**uen → -un** と表記する。
（　）内は母音だけで1音節になる時の表記。

1　an　ang　ian　iang　uan　uang　üan

■ 録音について復唱しよう。

an　　　ang
yan　　yang　　wan　　wang　　yuan
-ian　　-iang　　-uan　　-uang　　-üan

音節表⑦

an	ban pan man fan dan tan nan lan gan kan han zhan chan shan ran zan can san	ang	bang pang mang fang dang tang nang lang gang kang hang zhang chang shang rang zang cang sang
ian (yan)	bian pian mian dian tian nian lian jian qian xian	iang (yang)	niang liang jiang qiang xiang

uan (wan)	duan	tuan	nuan	luan
	guan	kuan	huan	
	zhuan	chuan	shuan	ruan
	zuan	cuan	suan	

uang (wang)	guang	kuang	huang	
	zhuang	chuang	shuang	

üan (yuan)	juan	quan	xuan	

sān	shàng	yān	yáng	wǎn	wàng
三	上	烟	羊	晚	忘
3	上	タバコ	羊	遅い	忘れる

diǎn	liǎng	chuān	huáng	yuǎn	xuǎn
点	两	穿	黄	远	选
〜時	2	着る・履く	黄色	遠い	選ぶ

■ 録音を聞いて次の語句をピンインで書き取ろう。

① (　　　) ② (　　　) ③ (　　　) ④ (　　　)

　　　晚上　　　　两点　　　　看书　　　　看电视
　　　夜　　　　　2時　　　　本を読む　　　テレビを見る

2 en eng in ing uen ueng ün

■ 録音について復唱しよう。

en　　eng
yin　ying　wen　weng　yun
-in　-ing　-un　-ueng　-ün

音節表⑧

en	ben	pen	men	fen
			nen	
	gen	ken	hen	
	zhen	chen	shen	ren
	zen	cen	sen	

eng	beng	peng	meng	feng
	deng	teng	neng	leng
	geng	keng	heng	
	zheng	cheng	sheng	reng
	zeng	ceng	seng	

in (yin)	bin	pin	min	
			nin	lin
	jin	qin	xin	

ing (ying)	bing	ping	ming	
	ding	ting	ning	ling
	jing	qing	xing	

-un (wen)	dun	tun		lun	ün (yun)	jun	qun	xun
	gun	kun	hun					
	zhun	chun	shun	run				
	zun	cun	sun					

běn	děng	yín	yíng	wèn	Wēng
本	等	银	赢	问	翁
～冊	待つ	銀	勝つ	尋ねる	翁（姓）

jìn	tīng	qǐng	chūn	yún	qún
进	听	请	春	云	裙
入る	聞く	どうぞ	春	雲	スカート

■ 録音を聞いて次の語をピンインで書き取ろう。

① (　　　　) ② (　　　　) ③ (　　　　) ④ (　　　　)
　　日本　　　　　櫻花　　　　　春天　　　　　电影
　　日本　　　　　桜　　　　　　春　　　　　　映画

3 ong　iong

■ 録音について復唱しよう。

　　ong　　yong -iong

音節表⑨

ong	dong	tong	nong	long	iong (yong)	jiong	qiong	xiong
	gong	kong	hong					
	zhong	chong		rong				
	zong	cong	song					

kòng	zhōng	yòng	xióng
空	中	用	熊
暇	中	使う	熊

■ 録音を聞いて次の語をピンインで書き取ろう。

① (　　　　　)　② (　　　　　)　③ (　　　　　)　④ (　　　　　)
　　中国　　　　　　熊猫　　　　　　冬天　　　　　　红叶
　　中国　　　　　　パンダ　　　　　冬　　　　　　　紅葉

4 確認テスト

1 読まれた方の音節に○をつけなさい。

1) yīn − yīng　　2) yǎn − yuǎn　　3) màn − máng　　4) gòng − kòng

5) fēn − fēng　　6) tiān − qiān　　7) jūn − jīn　　8) huán − huáng

2 発音を聞いて□内から該当するピンイン表記を選んで（　）に書き込みなさい。

| yīnyuè　wǒ　　　　qǐng　jìn　　　tīng |
| kàn　　diànyǐng　kòng　méiyou |

1) (　　　　)(　　　　)
　　请　　　进！　　　　　　　　　　　　　お入りください。
　　～してください　入る

2) (　　　　)(　　　　)(　　　　)
　　请　　　听　　　音乐。　　　　　　　　どうぞ音楽を聞いてください。
　　～してください　聞く　　音楽

3) (　　　　)(　　　　)(　　　　)
　　我　　　看　　　电影。　　　　　　　　私は映画を見ます。
　　私　　　見る　　映画

4) (　　　　)(　　　　)(　　　　)
　　我　　　没有　　空。　　　　　　　　　私は暇がありません。
　　私　　　ない　　暇

復習 1

I 儿化音 「-r」

"儿"は接尾辞として用いる時に，独立した音節を持たず，前の音節と一緒になって発音される。音節の末尾の音を反り舌音に変化させ，"r"でピンイン表記される。この現象を「-r化」と呼ぶ。

■ 録音について復唱しよう。

zhèr	nàr	nǎr	huàr	（変化なし）
这儿	那儿	哪儿	画儿	
ここ	あそこ	どこ	絵	

yíkuàir	yíhuìr			（-i 脱落）
一块儿	一会儿			
一緒に	しばらく			

yìdiǎnr	wánr			（-n 脱落）
一点儿	玩儿			
少し	遊ぶ			

kòngr	diànyǐngr			（鼻音化）
空儿	电影儿			
暇	映画			

II 声調

1）"不"の変調

"不 bù"は否定を表す副詞で，後に第1・2・3声が続く時には変調されないが，後に第4声が続くと，第2声"bú"に変調される。"～不～"の場合は軽声"bu"になる。

■ 録音について復唱しよう。

bù chī	bù lái	bù yuǎn	bú yào
不 吃	不 来	不 远	不 要
食べない	来ない	遠くない	要らない

Lèi bu lèi?	Bú lèi.
累 不 累？	不 累。
疲れていますか？	疲れていません。

2)"一"の変調

"一 yī"＋第1・2・3声の場合は第4声"yì"に変調される。"一 yī"＋第4声の場合は第2声"yí"に変調される。単音節動詞の重ね型表現では軽声になる。序数を示す時は普通変調されない。

■ 録音について復唱しよう。

51

yì zhāng	yì tái	yì běn	yí jiàn
一 张	一 台	一 本	一 件
1枚	1台	1冊	1着

xiǎng yi xiǎng	yīyuè
想 一 想	一月
ちょっと考える	1月

3)第三声

第3声＋第1・2・4声・軽声

第3声は,出だしを低く抑えて,最後を上げずに発音し,半3声とも言う。

第3声＋第3声

最初の第3声が第2声に変調する。声調表記は変わらない。

■ 録音について復唱しよう。

52

	lǎoshī	qǐng chī	Běijīng	kǎoyā
	老师	请 吃	北京	烤鸭
	先生	食べてください	ペキン	ダック

	měi nián	qǐng lái	Měiguó	lǚyóu
	每年	请 来	美国	旅游
	毎年	来てください	アメリカ	旅行する

	qǐng zuò	zǎofàn	wǔfàn	wǎnfàn
	请 做	早饭	午饭	晚饭
	作ってください	朝ご飯	昼ご飯	晩ご飯

	wǒmen	xǐhuan	nǎinai	jiějie
	我们	喜欢	奶奶	姐姐
	私たち	好きだ	おばあさん	お姉さん

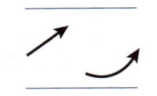

	nǐ hǎo	shuǐguǒ	kěyǐ	dǎsǎo
	你好	水果	可以	打扫
	こんにちは	果物	よろしい	掃除する

4）声調の組み合わせ

■ 録音について復唱しよう。

	＋軽声	＋第1声	＋第2声	＋第3声	＋第4声
第1声	tāmen 她们 彼女たち	jīntiān 今天 今日	chūmén 出门 出かける	kāishǐ 开始 始める	gōngzuò 工作 働く
第2声	péngyou 朋友 友達	míngtiān 明天 明日	xuéxí 学习 勉強する	yóuyǒng 游泳 泳ぐ	hánjià 寒假 冬休み
第3声	wǒmen 我们 私たち	měi tiān 每天 毎日	dǎ qiú 打球 球技をする	xǐzǎo 洗澡 入浴する	shǔjià 暑假 夏休み
第4声	xièxie 谢谢 ありがとう	dàjiā 大家 みなさん	liànxí 练习 練習する	Hànyǔ 汉语 中国語	zàijiàn 再见 さようなら

III 数の表し方

■ 録音について復唱しよう。

líng	yī	èr	sān	sì	wǔ	liù	qī	bā	jiǔ	shí
零	一	二	三	四	五	六	七	八	九	十
0	1	2	3	4	5	6	7	8	9	10

shíyī	èrshisì	yìbǎi	yìbǎi líng yī	yìqiān	liǎngwàn
十一	二十四	一百	一百零一	一千	两万
11	24	100	101	1000	20000

● 電話番号

líng jiǔ líng-sì sān yāo*-wǔ liù qī bā
090 — 431 — 5678　　　　＊番号を表す"1"は"yāo"とも発音する。

● 年月日

èr líng yī sān nián shíyuè yī rì(hào*)
2013年10月1日（号）　　　＊"〜日"は話しことばで"〜号"を用いる。

● 曜日

xīngqīyī	xīngqī'èr	xīngqīsān	xīngqīsì	xīngqīwǔ
星期一	星期二	星期三	星期四	星期五
月曜日	火曜日	水曜日	木曜日	金曜日

xīngqīliù	xīngqītiān(xīngqīrì)	xīngqī jǐ
星期六	星期天（星期日）	星期几
土曜日	日曜日	何曜日

shàng(ge) xīngqīyī	xià(ge) xīngqīsì	zhè(ge)xīngqīwǔ (zhèige xīngqīwǔ)
上（个）星期一	下（个）星期四	这（个）星期五
先週の月曜日	来週の木曜日	今週の金曜日

IV 疑問詞

■ 録音について復唱しよう。

shuí(shéi)	nǎwèi(něiwèi)	shénme	nǎge(něige)	nǎxiē(něixiē)
谁	哪位	什么	哪个	哪些
だれ	どなた	なに・どんな	どれ・どの	どれら・どれらの

nǎli	nǎr	shénme dìfang	jǐ	duōshao	shénme shíhou
哪里	哪儿	什么 地方	几	多少	什么 时候
どこ	どこ	どこ	いくつ	どれくらい	いつ

jǐ yuè	jǐ hào	xīngqī jǐ	jǐ diǎn	zěnmeyàng	zěnme
几月	几号	星期几	几点	怎么样	怎么
何月	何日	何曜日	何時	どう	どのように・なぜ

Ⅴ 表記上の注意点

1）声調符号の付け方　　母音の上につける。

1．母音が2つ以上の場合，aがあればaの上に，aがなければoまたはeの上に

　　　　　　　　　　　　　　huà（画　描く）　　hóu（猴　サル）

2．iは上の点をとってから　　tīng（听　聞く）

3．iu, uiは後の母音に　　　　jiǔ（九　9）　　guì（贵　値段が高い）

2）つづりの規則

1．i　u　ü

①　単独で1音節になる場合　　i → yī　　u → wù　　ü → yǔ
　　　　　　　　　　　　　　　一（1）　　雾（霧）　　雨（雨）

②　音節の頭文字となる場合　　ie → yě　　uo → wǒ　　üe → yuè
　　　　　　　　　　　　　　　也（も）　　我（私）　　月（～月）

2．in　ing

単独で1音節になる場合　　　　in → yín　　ing → yíng
　　　　　　　　　　　　　　　银（銀）　　赢（勝つ）

3．ü　üe　üan　ün

子音 j q x と組合わさる場合は，üはuと表記する。

　　q+ü → qù　　x+üe → xuě　　j+üan → juǎn　　q+ün → qún
　　去（行く）　　雪（雪）　　　巻（巻く）　　　裙（スカート）

4．iou　uei　uen

前に子音が来る場合は，oとeが消える。

　　j+iou → jiǔ　　h+uei → huì　　ch+uen → chūn
　　酒（酒）　　　　会（会議）　　　春（春）

5．隔音記号 " ' "

音節間で母音が続いて音節の切れ目が分かりにくい場合，" ' " で区切る。

　　shí'èr　　　　wǎn'ān　　　　　　　nǚ'ér
　　十二（12）　　晚安（お休みなさい）　女儿（娘）

★ 中国概況 ★ ★ ★ ★

国名：中華人民共和国（中国は略称である）
英語名：People's Republic of China
首都：北京（Běijīng）
面積：960万平方キロ（日本の約26倍）
人口：13億4893万人（世界人口は約68億人，世界一人口が多い国である。）
建国日：1949年10月1日
公用語：中国語（普通话 pǔtōnghuà，中文 Zhōngwén 汉语 Hànyǔ とも言う）
国歌：義勇軍進行曲
国旗：五星紅旗   国花：牡丹（牡丹 mǔdan）

国章：天安門の上に国旗の5つの星，その周   通貨：人民币（rénmínbì）頭文字を取っ
　　　りを穀物の穂と歯車で取り囲んでいる。　　　　　て"RMB"，日本語では人民元。

国の電話番号：0086

　中国はアジア大陸の東部，太平洋の西海岸に位置している。陸地面積は約960万平方キロで，ロシア，カナダに次いで，世界で3番目の広さである。
　中国の行政区分は23の省，5つの自治区，4つの直轄市，および2つの特別行政区から成り立っている。
　世界遺産に登録されている中国の世界遺産は，43件ある（2012年現在➡ p.69）。中国は56の民族から成り，そのうち漢族が中国の総人口の91.51％を，その他55の少数民族が8.49％（2010年）を占めている。

挨拶ことば

1. Nǐ hǎo!	你好！	こんにちは。
2. Nín zǎo!	您早！	おはようございます。
3. Wǎnshang hǎo!	晚上好！	こんばんは。
4. Hǎojiǔ bú jiàn le.	好久不见了。	お久しぶりです。
5. Qǐng jìn!	请进！	どうぞお入りください。
6. Qǐng zuò!	请坐！	どうぞおかけください。
7. Qǐng hē chá!	请喝茶！	どうぞお茶を。
8. Nǐ shēntǐ hǎo ma?	你身体好吗？	お元気ですか。
9. Xièxie! —Bú xiè.	谢谢！ —不谢。	ありがとうございます。 —どういたしまして。
10. Nǐ hǎo ma? —Wǒ hěn hǎo.	你好吗？ —我很好。	お元気ですか。 —元気です。
11. Zuìjìn máng ma? —Hái kěyǐ.	最近忙吗？ —还可以。	近頃お忙しいですか。 —まあまあです。
12. Máfan nín le. —Bú kèqi.	麻烦您了。 —不客气。	お手数をおかけしました。 —どういたしまして。
13. Duìbuqǐ. —Méi guānxi.	对不起。 —没关系。	すみません。 —どういたしまして。
14. Míngtiān jiàn! —Zàijiàn!	明天见！ —再见！	また明日。 —さようなら。

教室用語

1. Dàjiā hǎo!
   大家好！
   皆さん，こんにちは。

   Lǎoshī hǎo!
   老师好！
   先生，こんにちは。

2. Xiànzài kāishǐ shàngkè.
   现在开始上课。
   いまから授業を始めます。

3. Jīntiān xuéxí dì wǔ kè.
   今天学习第5课。
   今日は第5課を学びます。

4. Qǐng kàn dì sānshí yè.
   请看第30页。
   第30ページを見てください。

5. Xiān fùxí, zài xué xīnkè.
   先复习，再学新课。
   まず復習してから新しい課を勉強します。

6. Qǐng gēn wǒ niàn!
   请跟我念！
   私の後について朗読してください。

7. Qǐng zài shuō yí biàn!
   请再说一遍！
   もう一度言ってください。

8. Qǐng dàjiā liànxí huìhuà!
   请大家练习会话！
   皆さん，会話の練習をしてください。

9. Qǐng yòng Hànyǔ shuō.
   请用汉语说。
   中国語で話してください。

10. Jīntiān jiù xuédào zhèr.
    今天就学到这儿。
    今日はここまでにします。

    Xià xīngqī jiàn!
    下星期见！
    また来週お会いしましょう。

第5课　我是大学生

大家　好！
Dàjiā　hǎo!

我　姓　木村，叫　木村　学。我　是　大学　一　年级　的　学生，
Wǒ　xìng　Mùcūn,　jiào　Mùcūn　Xué. Wǒ　shì　dàxué　yī　niánjí　de　xuésheng,

今年　十八　岁。我　的　专业　是　经营学。我　学　英语，也　学
jīnnián　shíbā　suì. Wǒ　de　zhuānyè　shì　jīngyíngxué. Wǒ　xué　Yīngyǔ,　yě　xué

汉语。李　香　是　我　的　中国　朋友，麦克　是　我　的　美国　朋友。
Hànyǔ. Lǐ　Xiāng　shì　wǒ　de　Zhōngguó　péngyou,　Màikè　shì　wǒ　de　Měiguó　péngyou.

他们　都　是　我们　大学　的　留学生。认识　他们，我　很　高兴。
Tāmen　dōu　shì　wǒmen　dàxué　de　liúxuéshēng. Rènshi　tāmen,　wǒ　hěn　gāoxìng.

我们　互相　学习，互相　帮助，共同　进步。
Wǒmen　hùxiāng　xuéxí,　hùxiāng　bāngzhù,　gòngtóng　jìnbù.

1．次の語句のピンインと日本語の意味を記入しよう。

大家 _____	姓 _____	叫 _____	年级 _____
岁 _____	专业 _____	学 _____	英语 _____
也 _____	汉语 _____	朋友 _____	美国 _____
他们 _____	都 _____	认识 _____	很 _____
高兴 _____	互相 _____	学习 _____	帮助 _____

2．次の日本語を中国語で言ってから，簡体字で書いてみよう。

1) みなさん，こんにちは。

2) 私の苗字は木村で，木村学と申します。

3) 私は大学1年生で，今年18歳です。

4) 私の専攻は経営学です。

5) 私は英語を学びます。

6) 私は中国語も学びます。

7) 李香さんは私の中国人の友達で，マイクは私のアメリカ人の友達です。

8) 彼らと知り合ってとても嬉しいです。

3．次の文を声に出して読んでみよう。

> 大家好！我姓中村，叫中村一美。我是大学一年级的学生，今年十八岁。我的专业是经营学。我学英语，也学汉语。李香是我的中国朋友。她是我们大学的留学生。认识她，我很高兴。

コキンchanの 覚えて便利な会話

A：初次见面，请多关照。　　　　　　　はじめまして，よろしくお願いします。
　　Chūcì jiànmiàn, qǐng duō guānzhào.

B：不客气。认识您很高兴。　　　　　　恐れ入ります。お目にかかれて嬉しく思います。
　　Bú kèqi. Rènshi nín hěn gāoxìng.

文法トレーニング

1 動詞述語文

主語 + 動詞 + 目的語　　　　　　　　　否定形：不 + 動詞　　〜しない

我　学　汉语。　　　　　　　　　　　他　不　去　图书馆。
Wǒ　xué　Hànyǔ.　　　　　　　　　　Tā　bú　qù　túshūguǎn.

● 動詞 + 不 + 動詞 で質問。　　　　　你喝不喝红茶？
　　　　　　　　　　　　　　　　　　Nǐ hē bu hē hóngchá?

■暗唱

1) A：你吃面条儿吗？　　→ "吗" 疑問文 p.35　　麺類を食べますか。
　　　Nǐ chī miàntiáor ma?
   B：对，我吃面条儿。　　　　　　　　　　　　はい，麺類を食べます。
　　　Duì, wǒ chī miàntiáor.

2) A：木村，你去哪儿？　→ 疑問詞疑問文 p.35　　木村さん，どちらへ？
　　　Mùcūn, nǐ qù nǎr?
   B：我去教室。　　　　　　　　　　　　　　　教室に行きます。
　　　Wǒ qù jiàoshì.

■作文

1) 私は中華料理を食べます。　　　　　　　　　　中国菜 Zhōngguócài

2) 彼はコーヒーを飲みません。　　　　　　　　　咖啡 kāfēi

2 "是"の用法　　断定を表す動詞。

主語 + 是 + 目的語　　　　　　　　　　否定形：不 + 是 + 目的語

我们　是　学生。　　　　　　　　　　他们　不　是　学生。
Wǒmen　shì　xuésheng.　　　　　　　Tāmen　bú　shì　xuésheng.

● 是 + 不 + 是 で質問。　　　　　　　　您是不是李小姐？
　　　　　　　　　　　　　　　　　　　Nín shì bu shì Lǐ xiǎojiě?

■ 暗唱 68

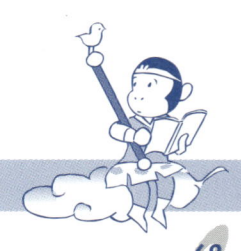

1) A：她是哪国人？ 彼女はどこの国の方ですか。
   Tā shì nǎ guó rén?
   B：她是日本人。 彼女は日本人です。
   Tā shì Rìběnrén.

2) A：他是不是韩国留学生？ 彼は韓国人留学生ですか。
   Tā shì bu shì Hánguó liúxuéshēng?
   B：不是。他是中国留学生。 いいえ。彼は中国人留学生です。
   Bú shì. Tā shì Zhōngguó liúxuéshēng.

■ 作文

1) 彼女もアメリカ人です。 也 yě　美国 Měiguó

2) 彼は学生ではなく，教師です。 老师 lǎoshī

3　形容詞述語文 69

＊副詞"很"は形容詞の肯定文に用い，強く発音しないかぎり，「とても」という意味を持たない。

主語 + 形容詞　　　　　　　　　　　否定形：不 + 形容詞

我　很　高兴。　　　　　　　　　　汉语　不　难。
Wǒ　hěn　gāoxìng.　　　　　　　　Hànyǔ　bù　nán.

● 形容詞 + 不 + 形容詞 で質問。　　汉语难不难？
　　　　　　　　　　　　　　　　　Hànyǔ nán bu nán?

■ 暗唱 70

1) A：你好吗？ お元気ですか。
   Nǐ hǎo ma?
   B：我很好。 元気です。
   Wǒ hěn hǎo.

2) A：你最近怎么样？忙吗？ 近頃どうですか。お忙しいですか。
   Nǐ zuìjìn zěnmeyàng? Máng ma?
   B：还可以。 まあまあです。
   Hái kěyǐ.

■作文

1) あちらは寒いですか。　　　　　　　　　　　　　　　那儿 nàr　冷 lěng

2) 昨日は寒くありませんでした。　　　　　　　　　　昨天 zuótiān

4 構造助詞 "的"　修飾関係を表す。

修飾語 + 的 + 名詞　　　"的" の省略：人称代詞 + 所属集団　我们学校
　　　　　　　　　　　　　　　　　　　人称代詞 + 親族呼称　我姐姐

他是 我们学校 的 留学生。　　　　　　不忙 的 时候，我看电视。
Tā shì wǒmen xuéxiào de liúxuéshēng.　Bù máng de shíhou, wǒ kàn diànshì.
彼は私たちの学校の留学生です。　　　　忙しくない時に，私はテレビを見ます。

我姐姐买 的 词典 很贵。　　　　　　　那是 图书馆 的（书）。
Wǒ jiějie mǎi de cídiǎn hěn guì.　　　Nà shì túshūguǎn de (shū).
姉が買った辞書は値段が高いです。　　　あれは図書館の（本）です。

■暗唱

1) A：没课的时候，你干什么？　　　　　授業がない時に，何をしますか。
　　　Méi kè de shíhou, nǐ gàn shénme?
　 B：我打工。　　　　　　　　　　　　アルバイトをします。
　　　Wǒ dǎgōng.

2) A：这是谁的（杂志）？　　　　　　　これは誰の（雑誌）ですか。
　　　Zhè shì shéi de (zázhì)?
　 B：这是我的（杂志）。　　　　　　　それは私の（雑誌）です。
　　　Zhè shì wǒ de (zázhì).

■作文

1) 李さんは北京大学の学生です。　　　　　　　　　　小李 Xiǎo Lǐ
　　　　　　　　　　　　　　　　　　　　　　　　　北京大学 Běijīng Dàxué

2) これは図書館のです。

さまざまな表現＆補充語句

1. **年齢の言い方**　　我今年十八岁。　　　　　　私は今年18歳です。
   Wǒ jīnnián shíbā suì.　　　　　　　　　　　　➡ 名詞述語文。p.40

2. **副詞 "也"**　　日本語に訳す時に注意。

   我也学汉语。　　　　　　　　　　　　　　　　私は中国語も学ぶ。
   Wǒ yě xué Hànyǔ.　　　　　　　　　　　　　　私も中国語を学ぶ。

3. **疑問文のパターン**

   ● **"吗" 疑問文**："吗" は語気助詞で，文末に用い，疑問を表す。

   你也学法语吗？　　　　　　　　　　　　　　　あなたもフランス語を習いますか。
   Nǐ yě xué Fǎyǔ ma?

   ● **疑問詞疑問文**：文末に "吗" をつけない。

   你叫什么名字？　　　　　　　　　　　　　　　お名前はなんとおっしゃいますか。
   Nǐ jiào shénme míngzi?

   ● **反復疑問文**：肯定形＋否定形　　文末に "吗" をつけない。

   是 ＋ 不 ＋ 是　　　她是不是法国人？　　　　　彼女はフランス人ですか。
   　　　　　　　　　　Tā shì bu shì Fǎguórén?

   形容詞 ＋ 不 ＋ 形容詞　　你最近忙不忙？　　　　最近お忙しいですか。
   　　　　　　　　　　　　　Nǐ zuìjìn máng bu máng?

   動詞 ＋ 不 ＋ 動詞　　　你们去不去食堂？　　　　あなたたちは食堂に行きますか。
   　　　　　　　　　　　　Nǐmen qù bu qù shítáng?

   ● **省略型疑問文**："～呢？"

   我去教室。你呢？　　　　　　　　　　　　　　私は教室に行きます。あなたは？
   Wǒ qù jiàoshì. Nǐ ne?

   ● **選択疑問文**："(是)～，还是…?"　　～か，それとも…か

   你（是）喝咖啡，还是喝红茶？　　　　　　　　コーヒーを飲みますか，それとも紅茶
   Nǐ (shì) hē kāfēi, háishi hē hóngchá?　　　　　を飲みますか。

人称代詞

我	我们	咱们	你	您	你们	他	她	他们	她们
wǒ	wǒmen	zánmen	nǐ	nín	nǐmen	tā	tā	tāmen	tāmen
私	私たち		あなた		あなたたち	彼	彼女	彼ら	彼女たち

"咱们" は聞き手を含める。　"您" は "你" の敬称である。

指示代詞

这・这(个)	那・那(个)	哪・哪(个)	这儿・这里	那儿・那里	哪儿・哪里
zhè　zhèi(ge)	nà　nèi(ge)	nǎ　něi(ge)	zhèr　zhèli	nàr　nàli	nǎr　nǎli
これ　それ	それ　あれ	どれ	ここ　そこ	そこ　あそこ	どこ

第6课　今天有汉语课

我　家　在　大阪。我　家　有　五　口　人，爸爸、妈妈、两　个
Wǒ　jiā　zài　Dàbǎn.　Wǒ　jiā　yǒu　wǔ　kǒu　rén,　bàba、māma、liǎng　ge

妹妹　和　我。我　爸爸　在　一　家　贸易　公司　工作。我　妈妈　是
mèimei　hé　wǒ.　Wǒ　bàba　zài　yì　jiā　màoyì　gōngsī　gōngzuò.　Wǒ　māma　shì

小学　老师。两　个　妹妹　都　是　高中生。我　在　上　大学。我
xiǎoxué　lǎoshī.　Liǎng　ge　mèimei　dōu　shì　gāozhōngshēng.　Wǒ　zài　shàng　dàxué.　Wǒ

星期一　上午　和　星期三　下午　有　汉语　课。汉语　的　发音
xīngqīyī　shàngwǔ　hé　xīngqīsān　xiàwǔ　yǒu　Hànyǔ　kè.　Hànyǔ　de　fāyīn

有点儿　难。不过，我　喜欢　学习　汉语。今天　星期三。我　有　一
yǒudiǎnr　nán.　Búguò,　wǒ　xǐhuan　xuéxí　Hànyǔ.　Jīntiān　xīngqīsān.　Wǒ　yǒu　yì

节　汉语　课。
jié　Hànyǔ　kè.

1．次の語句のピンインと日本語の意味を記入しよう。

我家	在	有	～口
两个	和	～家	公司
工作	高中生	上大学	上午
下午	课	发音	有点儿
不过	喜欢	今天	～节

2．次の日本語を中国語で言ってから，簡体字で書いてみよう。

1）私の家は大阪にあります。

2）私の家は5人家族で，父，母，2人の妹と私です。

3）父はある貿易会社で働いています。

4）母は小学校の教師です。

5）私は大学に行っています。

6）私は月曜日の午前と水曜日の午後に中国語の授業があります。

7）中国語の発音はすこし難しいです。しかし，私は中国語の勉強が好きです。

8）今日は水曜日です。

3．次の文を声に出して読んでみよう。

> 我家在大阪。我家有五口人，爸爸、妈妈、两个妹妹和我。我爸爸在贸易公司工作。我妈妈是小学老师。我在上大学。我星期一上午和星期三下午有汉语课。汉语的发音很难。不过，我喜欢学习汉语。

コキンchanの 覚えて便利な会話

A：你今天有没有空儿？ Nǐ jīntiān yǒu méiyou kòngr?	今日暇がありますか。
B：有空儿。有什么事儿吗？ Yǒu kòngr. Yǒu shénme shìr ma?	あります。なにか用事がありますか。

文法トレーニング

1 "在"の用法

1) 主語 + 在 + 場所　　　　　　　　　動詞で，存在を表す。(〜に) いる／ある

我 在 图书馆。
Wǒ zài túshūguǎn.

2) 主語 + 在 + 場所 + 動詞　　　　　　前置詞で，動作の場所を導く。〜で (〜する)

我 在 图书馆 看 书。
Wǒ zài túshūguǎn kàn shū.

3) 主語 + 在 + 動詞　　　　　　　　　副詞で，動作・行為の進行を表す。〜している

我 在 看 书。
Wǒ zài kàn shū.

暗唱

1) A：你什么时候在家？　　　　　　　あなたはいつ家にいますか。
　　　Nǐ shénme shíhou zài jiā?

　B：我周末在家。　　　　　　　　　私は週末家にいます。
　　　Wǒ zhōumò zài jiā.

2) A：你父亲在哪儿工作？　　　　　　お父さんはどこで働いていますか。
　　　Nǐ fùqin zài nǎr gōngzuò?

　B：我父亲在贸易公司工作。　　　　父は貿易会社で働いています。
　　　Wǒ fùqin zài màoyì gōngsī gōngzuò.

3) A：你在干什么？　　　　　　　　　なにをしていますか。
　　　Nǐ zài gàn shénme?

　B：我在做作业。　　　　　　　　　宿題をしています。
　　　Wǒ zài zuò zuòyè.

■作文

1) あなたの携帯電話はあそこにあります。　　　　　手机 shǒujī

2) 私はレストランでアルバイトをしています。　　　餐厅 cāntīng

3) 私はアルバイトをしています。

2 動詞"有"　所有と存在を表す。否定形は"没(有)"で，"不有"を使わない。

所有者・存在する場所（〜に）＋ 有（いる・ある）＋ モノ（〜が）

我 有 哥哥， 没有 弟弟。　　　车 站 里 有 书 店。
Wǒ yǒu gēge, méiyou dìdi.　　Chēzhàn li yǒu shūdiàn.

■暗唱

1) A：你星期几有汉语课？
       Nǐ xīngqī jǐ yǒu Hànyǔ kè?
   あなたは何曜日に中国語の授業がありますか。

   B：我星期二有汉语课。
       Wǒ xīngqī'èr yǒu Hànyǔ kè.
   私は火曜日に中国語の授業があります。

2) A：请问，这儿有没有厕所？
       Qǐngwèn, zhèr yǒu méiyou cèsuǒ?
   ちょっとお尋ねしますが，ここにはトイレがありますか。

   B：有。就在前面。
       Yǒu. Jiù zài qiánmiàn.
   あります。すぐ前にあります。

■作文

1) あなたはいつ暇がありますか。　　　　　　　　空 kòng

2) 図書館には雑誌もあります。　　　　　　　　杂志 zázhì

3 量詞　人や事物を数える時に用いる。

数詞＋量詞＋名詞　　　　　　　　这、那、哪＋量詞＋名詞

两　节　课　2コマの授業　　　　这　　件　　衣服　この服
liǎng jié kè　　　　　　　　　　zhèi jiàn yīfu

■暗唱

1) A：你家有几口人？
       Nǐ jiā yǒu jǐ kǒu rén?
   あなたの家は何人家族ですか。

   B：我家有七口人。
       Wǒ jiā yǒu qī kǒu rén.
   私の家は7人家族です。

2) A：那本书怎么样？ あの本はどうですか。
　　　Nèi běn shū zěnmeyàng?
　 B：那本书很有意思。 あの本はとても面白いです。
　　　Nèi běn shū hěn yǒu yìsi.

■作文

1) 私は今日授業が２コマあります。

2) あの料理はどうですか。辛いですか。　　　　　　　　　菜 cài　辣 là

4 名詞述語文

主語 + 名詞述語 （年月日・数量・年齢など）

今天　星期六。　　　　　　　　　　我们　班　二十　个　人。
Jīntiān　xīngqīliù.　　　　　　　　 Wǒmen bān　èrshí　ge　rén.

■暗唱

1) A：今天几月几号？ 今日は何月何日ですか。
　　　Jīntiān jǐ yuè jǐ hào?
　 B：今天四月十号。 今日は４月10日です。
　　　Jīntiān sìyuè shí hào.

2) A：你今年多大（年纪）？ あなたは今年おいくつですか。
　　　Nǐ jīnnián duō dà (niánjì)?
　 B：我今年十八岁。你呢？ 私は18歳です。あなたは？
　　　Wǒ jīnnián shíbā suì. Nǐ ne?
　 A：我二十岁。 私は20歳です。
　　　Wǒ èrshí suì.

■作文

1) 今日は７月１日木曜日です。

2) 兄は25歳です。　　　　　　　　　　　　　　　　　　我哥哥 wǒ gēge

さまざまな表現＆補充語句

1. 日時の語順　　主語＋日時＋述語　　日時＋主語＋述語

我星期一有汉语课。　　　　　　　　　　私は月曜日に中国語の授業がある。
Wǒ xīngqīyī yǒu Hànyǔ kè.

星期一我有汉语课。　　　　　　　　　　月曜日は中国語の授業がある。
Xīngqīyī wǒ yǒu Hànyǔ kè.

2. 喜欢＋語句　　好きである，好む

我很喜欢历史。　　　　　　　　　　　　私は歴史が大好きだ。
Wǒ hěn xǐhuan lìshǐ.

他不喜欢看书。　　　　　　　　　　　　彼は読書が好きではない。
Tā bù xǐhuan kàn shū.

3. 存在を表す"有"と"在"

● 存在するもの・人　〜が　　在　　場所〜に

我在图书馆。　　　　　　　　　　　　　词典在桌子上。
Wǒ zài túshūguǎn.　　　　　　　　　　 Cídiǎn zài zhuōzi shang.
私は図書館にいる。　　　　　　　　　　辞書は机の上にある。

● 場所〜に　有　　存在するもの・人　〜が

大学里有图书馆。　　　　　　　　　　　桌子上有词典。
Dàxué li yǒu túshūguǎn.　　　　　　　　Zhuōzi shang yǒu cídiǎn.
大学には図書館がある。　　　　　　　　机の上には辞書がある。

日時（年月日・曜日）　→ p.25

八月　七　号 bāyuè qī hào 8月7日	星期一 xīngqīyī 月曜日	早上 zǎoshang 朝	上午 shàngwǔ 午前	中午 zhōngwǔ 昼	下午 xiàwǔ 午後	晚上 wǎnshang 夜
前天 qiántiān 一昨日	昨天 zuótiān 昨日	今天 jīntiān 今日	明天 míngtiān 明日	后天 hòutiān 明後日	去年 qùnián 去年	今年 jīnnián 今年	明年 míngnián 来年

量詞

本 běn 冊	（书／杂志） shū zázhì 本 雑誌	个 ge 個	（人／菜） rén cài 人 料理	件 jiàn 枚・件	（衣服／事） yīfu shì 服 事柄	辆 liàng 台	（车／自行车） chē zìxíngchē 車 自転車
张 zhāng 枚	（纸／床／邮票） zhǐ chuáng yóupiào 紙 ベッド 切手	把 bǎ 脚・本	（椅子／伞／钥匙） yǐzi sǎn yàoshi 椅子 傘 鍵			枝 zhī 本	（铅笔／圆珠笔） qiānbǐ yuánzhūbǐ 鉛筆 ボールペン
只 zhī 羽・匹	（鸟／猫） niǎo māo 鳥 猫	条 tiáo 匹・本	（鱼／狗／路） yú gǒu lù 魚 犬 道	双 shuāng 足・膳	（鞋／筷子） xié kuàizi 靴 箸	家 jiā 軒	（公司／超市） gōngsī chāoshì 会社 マーケット

第7课　我打算骑自行车去

我 有 很 多 爱好。唱 歌、看 电影、打 棒球、踢 足球,
Wǒ yǒu hěn duō àihào. Chàng gē、kàn diànyǐng、dǎ bàngqiú、tī zúqiú,

我 都 喜欢。我 会 唱 中文 歌。昨天 晚上 我 没有 去
wǒ dōu xǐhuan. Wǒ huì chàng Zhōngwén gē. Zuótiān wǎnshang wǒ méiyou qù

便利店 打工,和 李 香 一起 去 唱 卡拉OK 了。今天 下课
biànlìdiàn dǎgōng, hé Lǐ Xiāng yìqǐ qù chàng kǎlā OK le. Jīntiān xiàkè

后,我 准备 去 看 中国 电影。我 对 中国 电影 很 感
hòu, wǒ zhǔnbèi qù kàn Zhōngguó diànyǐng. Wǒ duì Zhōngguó diànyǐng hěn gǎn

兴趣。电影院 离 大学 不 远。我 打算 骑 自行车 去,四 点
xìngqù. Diànyǐngyuàn lí dàxué bù yuǎn. Wǒ dǎsuan qí zìxíngchē qù, sì diǎn

三 刻 出发。从 大学 到 电影院 要 十 分 钟 左右。
sān kè chūfā. Cóng dàxué dào diànyǐngyuàn yào shí fēn zhōng zuǒyòu.

1．次の語句のピンインと日本語の意味を記入しよう。

很多	爱好	唱歌	看电影
打棒球	踢足球	会	中文歌
没有~	和~	一起	下课
~后	准备	对~	感兴趣
打算	骑	分钟	左右

2．次の日本語を中国語で言ってから，簡体字で書いてみよう。

1) 私はたくさんの趣味を持っています。

2) 歌を歌う，映画を見る，野球をする，サッカーをする，私はどれも好きです。

3) 私は中国語の歌が歌えます。

4) 昨夜私はコンビニにアルバイトに行きませんでした。

5) 私は中国映画にとても興味があります。

6) 映画館は大学から遠くありません。

7) 私は自転車で行くつもりです。

8) 大学から映画館まで10分くらいかかります。

3．次の文を声に出して読んでみよう。

　　我喜欢唱歌、看电影。我会唱中文歌。昨天晚上我和朋友一起去唱卡拉OK了。我对中国电影也很感兴趣。今天下课后，我准备去看中国电影。电影院离大学不远，我打算骑自行车去。

コキンchanの 覚えて便利な会話

A：那么在车站南口等吧。　　　　　　　　　それでは駅の南出口で待ち合わせましょう。
　　Nàme zài chēzhàn nánkǒu děng ba.

B：好。不见不散。　　　　　　　　　　　　はい。会うまで待ちましょう。
　　Hǎo. Bú jiàn bú sàn.

文法トレーニング

1 助動詞"会" 〜することができる。習得していることを表す。

会 + 動詞　　　　　　　　否定形：不会 + 動詞

我 会 唱 中文 歌。　　　　　我 不 会 开车。
Wǒ huì chàng Zhōngwén gē.　　Wǒ bú huì kāichē.

■暗唱

1) A：你会说汉语吗？　　　　　　あなたは中国語が話せますか。
　　　Nǐ huì shuō Hànyǔ ma?
　 B：我会说一点儿汉语。　　　　私は中国語が少し話せます。
　　　Wǒ huì shuō yìdiǎnr Hànyǔ.

2) A：你会不会打网球？　　　　　あなたはテニスをすることができますか。
　　　Nǐ huì bu huì dǎ wǎngqiú?
　 B：我会打网球。你会打吗？　　私はテニスができます。あなたはできますか。
　　　Wǒ huì dǎ wǎngqiú. Nǐ huì dǎ ma?
　 A：我不会打。　　　　　　　　私はできません。
　　　Wǒ bú huì dǎ.

■作文

1) あなたは車の運転ができますか。

2) 彼は英語が少し話せます。

2 語気助詞"了" 語気助詞"了"は文末につけ，すでに発生したことなどを表す。否定形は"没（有）"+動詞（〜しなかった／〜していない）で示し，"了"はつけない。

我 昨天 看 电影 了。　　　　　我 昨天 没有 看 电影。
Wǒ zuótiān kàn diànyǐng le.　　Wǒ zuótiān méiyou kàn diànyǐng.

■暗唱

1) A：铃木，小林去哪儿了？　　　鈴木さん，小林君はどこに行きましたか。
　　　Língmù, Xiǎolín qù nǎr le?
　 B：他已经回家了。　　　　　　彼はすでに家に帰りました。
　　　Tā yǐjīng huíjiā le.

2) A：你吃午饭了吗？　　　　　　　　　　昼ご飯を食べましたか。
　　　　Nǐ chī wǔfàn le ma?
　　B：还没吃呢。　　　　　　　　　　　　まだ食べていませんよ。
　　　　Hái méi chī ne.

■作文

1) 私たちは昨日美術館に行きました。　　　　　　　　　美术馆 měishùguǎn

2) 彼女は先週の金曜日に学校に来ませんでした。

3 連動文　1つの主体が2つ以上の動作・行為をし，その動作の順に動詞を並べる構文である。否定詞は最初の動詞の前につける。

主語 ＋ 来／去 ＋（場所）＋ 動詞 ＋ 目的語　　（〜へ）〜しに来る／行く

我　周末　去　（梅田）　看　电影。　　　　　他　没有　来　（神户）　玩儿。
Wǒ　zhōumò　qù　(Méitián)　kàn diànyǐng.　　　Tā　méiyou　lái　(Shénhù)　wánr.

主語 ＋ 動詞₁ ＋ 目的語 ＋ 動詞₂ ＋ 目的語　　〜して／〜（で）〜する

我　骑　自行车　去　邮局。
Wǒ　qí　zìxíngchē　qù　yóujú.

■暗唱

1) A：你怎么去？　　　　　　　　　　　　どのように行きますか。
　　　　Nǐ zěnme qù?
　　B：我坐地铁去。　　　　　　　　　　　地下鉄で行きます。
　　　　Wǒ zuò dìtiě qù.

2) A：明天一块儿去看电影，好吗？　　　　明日一緒に映画を見に行きませんか。
　　　　Míngtiān yíkuàir qù kàn diànyǐng, hǎo ma?
　　B：好哇。几点去？　　　　　　　　　　いいですよ。何時に行きますか。
　　　　Hǎo wa. Jǐ diǎn qù?
　　A：下午两点。　　　　　　　　　　　　午後2時です。
　　　　Xiàwǔ liǎng diǎn.

■作文

1）私たちは電車で行きます。　　　　　　　　　　　　　　　电车 diànchē

2）日曜日に一緒に買い物に行きませんか。　　　　　　　　买东西 mǎi dōngxi

4　前置詞 "离" "从" "到"

A + 离 B 〜　　　"离" はAからBまでの空間と時間の距離を示す。AはBから〜/Bまで〜

我 家 离 车站 不 远。　　　　　　　　离 考试 还 有 两 个 星期。
Wǒ jiā lí chēzhàn bù yuǎn.　　　　　Lí kǎoshì hái yǒu liǎng ge xīngqī.
家は　駅から　遠くありません。　　　　　試験まで　あと2週間あります。

从 A + 到 B 〜　　　"从" は空間と時間の起点を示し，"到" はその到着点を示す。
　　　AからBまで〜

从 我 家 到 公司 要 一 个 小时。
Cóng wǒ jiā dào gōngsī yào yí ge xiǎoshí.
私の家から　会社まで　1時間かかります。

从 九 点 到 十 点 半 我 在 图书馆。
Cóng jiǔ diǎn dào shí diǎn bàn wǒ zài túshūguǎn.
9時から　10時半まで　私は図書館にいます。

■暗唱

1）A：你家离车站远不远？　　　　　　　　お宅は駅から遠いですか。
　　　Nǐ jiā lí chēzhàn yuǎn bu yuǎn?

　　B：不太远。　　　　　　　　　　　　　あまり遠くありません。
　　　Bú tài yuǎn.

2）A：从你家到这儿要多长时间？　　　　　お宅からここまでどれくらいかかりますか。
　　　Cóng nǐ jiā dào zhèr yào duō cháng shíjiān?

　　B：要十五分钟左右。　　　　　　　　　15分くらいかかります。
　　　Yào shíwǔ fēn zhōng zuǒyòu.

■作文

1）病院はここから近いです。　　　　　　　　　　医院 yīyuàn　　近 jìn

2）私の家から大学まで1時間かかります。

さまざまな表現＆補充語句

1. A 和 B 一起（一块儿）+ 動詞　　AはBと一緒に～する　　"和"は前置詞。➡ p.55

我和朋友一起去唱卡拉OK了。　　　　　　　　　　私は友人と一緒にカラオケに行った。
Wǒ hé péngyou yìqǐ qù chàng kǎlāOK le.

2. 对～感兴趣／有兴趣　　～に対して興味がある　　"对"は前置詞。➡ p.55

他对数学不感兴趣／没有兴趣。　　　　　　　　彼は数学に興味を持っていない。
Tā duì shùxué bù gǎn xìngqù / méiyou xìngqù.

3. 准备／打算 + 動詞句　　～する予定だ／～するつもりだ

我准备明天去。你打算什么时候去？　　　　　　私は明日行く予定です。あなたはいつ
Wǒ zhǔnbèi míngtiān qù. Nǐ dǎsuan shénme shíhou qù?　　行くつもりですか。

4. ～，好吗？／好不好？　　～しませんか。意向を尋ねる疑問文。

咱们一块儿去看电影，好不好？　　　　　　　　一緒に映画を見に行きませんか。
Zánmen yíkuàir qù kàn diànyǐng, hǎo bu hǎo?

5. 疑問詞 "怎么"

● 方法を問う：怎么＋動詞（肯定形）　どのように～する

你的名字怎么写？　　　　　　　　　　　　　　お名前はどう書きますか。
Nǐ de míngzi zěnme xiě?

● 理由を問う：怎么＋動詞・形容詞　　どうして／なぜ～

你昨天怎么没来？　　　　　　　　　　　　　　昨日どうして来なかったのですか。
Nǐ zuótiān zěnme méi lái?

汉语发音怎么这么难？　　　　　　　　　　　　中国語の発音はどうしてこんなに難し
Hànyǔ fāyīn zěnme zhème nán?　　　　　　　　　いのですか。

時刻

两　点　零　五　分 liǎng　diǎn　líng　wǔ　fēn 2:05	三　点　一　刻　（十五　分） sān　diǎn　yí　kè　(shíwǔ　fēn) 3:15	四　点　三　刻 sì　diǎn　sān　kè 4:45
五　点　半　（三十　分） wǔ　diǎn　bàn　(sānshí　fēn) 5:30	差　五　分　七　点 chà　wǔ　fēn　qī　diǎn 6:55	十　点　钟 shí　diǎn　zhōng 10:00	几　点 jǐ　diǎn 何時

乗り物

坐车 zuò chē 車に乗る	公交车 gōngjiāochē バス	地铁 dìtiě 地下鉄	电车 diànchē 電車	出租车 chūzūchē タクシー	火车 huǒchē 汽車	飞机 fēijī 飛行機	船 chuán 船
骑车 qí chē 自転車に乗る	自行车 zìxíngchē 自転車	摩托车 mótuōchē オートバイ	上车 shàngchē 乗車する	下车 xiàchē 下車する	开车 kāichē 車を運転する	打的 dǎdī タクシーに乗る	

第8课　我想去上海旅游

高中 时，我 去过 一 次 北京，在 那里 玩儿了 三 天。
Gāozhōng shí, wǒ qùguo yí cì Běijīng, zài nàli wánrle sān tiān.

故宫、颐和园、长城、王府井 大街，我 都 去过。快 放 暑假
Gùgōng、Yíhéyuán、Chángchéng、Wángfǔjǐng Dàjiē, wǒ dōu qùguo. Kuài fàng shǔjià

了。今年 暑假 我 想 去 上海 旅游。上海 是 中国 的 经济
le. Jīnnián shǔjià wǒ xiǎng qù Shànghǎi lǚyóu. Shànghǎi shì Zhōngguó de jīngjì

中心，离 日本 很 近。从 大阪 到 上海 坐 飞机 只 需要 两
zhōngxīn, lí Rìběn hěn jìn. Cóng Dàbǎn dào Shànghǎi zuò fēijī zhǐ xūyào liǎng

个 小时。听说 上海 外滩 夜景 很 美。我 计划 坐 船 游览
ge xiǎoshí. Tīngshuō Shànghǎi Wàitān yèjǐng hěn měi. Wǒ jìhuà zuò chuán yóulǎn

黄浦江。小 李 是 上海人，她 说 给 我 当 导游。
Huángpǔjiāng. Xiǎo Lǐ shì Shànghǎirén, tā shuō gěi wǒ dāng dǎoyóu.

1. 次の語句のピンインと日本語の意味を記入しよう。

高中	时	～次	玩儿
～天	快～了	放暑假	旅游
坐	飞机	只	需要
小时	听说	夜景	计划
坐船	说	给	当导游

2．次の日本語を中国語で言ってから，簡体字で書いてみよう。

1）私は高校の時に1回北京に行ったことがあります。

2）もうすぐ夏休みになります。

3）今年の夏休みに上海へ旅行しに行こうと思います。

4）大阪から上海まで飛行機で2時間しかかかりません。

5）上海外灘の夜景はとても美しいそうです。

6）私は船に乗って黄浦江を観光する予定です。

7）李さんは上海出身です。

8）観光案内をしてくれると李さんが言いました。

3．次の文を声に出して読んでみよう。

> 　　高中时，我去过一次北京，在那里玩儿了三天。快放暑假了。今年暑假我想去上海旅游。上海离日本很近。从大阪到上海坐飞机只需要两个小时。听说上海外滩夜景很美。我计划坐船游览黄浦江。

コキンchanの覚えて便利な会話

A：怎么跟你联系呢？ 　　Zěnme gēn nǐ liánxì ne?	どうやって（あなたに）連絡をしますか。
B：给我发短信吧。 　　Gěi wǒ fā duǎnxìn ba.	（私に）携帯メールをください。

文法トレーニング

1 助詞"过"　〜したことがある。経験したことを表す。

動詞＋过

他 去过 北京。
Tā qùguo Běijīng.

否定形：没(有)＋動詞＋过

我 没有 看过 这 本 书。
Wǒ méiyou kànguo zhèi běn shū.

■暗唱

1) A：你去过中国吗？　　　　　　　中国に行ったことがありますか。
　　　Nǐ qùguo Zhōngguó ma?

　　B：我去过。你去过没有？　　　あります。あなたは行ったことがありますか。
　　　Wǒ qùguo. Nǐ qùguo méiyou?

　　A：我没有去过。　　　　　　　私は行ったことがありません。
　　　Wǒ méiyou qùguo.

2) A：北京烤鸭你吃过吗？　　　　北京ダックを食べたことがありますか。
　　　Běijīng kǎoyā nǐ chīguo ma?

　　B：吃过。味道好极了。　　　　あります。味はとてもいいです。
　　　Chīguo. Wèidao hǎo jí le.

■作文

1) 私は彼女に会ったことがあります。　　　　　　　　見 jiàn

2) 私たちはドイツに行ったことがありません。　　　　德国 Déguó

2 数量補語　動作の回数・持続時間を示すフレーズで，動詞の後につける。動作がすでに発生した場合は動詞の後に助詞"过"か"了"を入れる。"了"は動態助詞で，動作の完了を表す。

動詞＋数量補語（回数・時間）＋目的語

他 去过 一 次 西安。
Tā qùguo yí cì Xī'ān.

我 每 天 学习 两 个 小时 英语。
Wǒ měi tiān xuéxí liǎng ge xiǎoshí Yīngyǔ.

動詞＋目的語（人称代詞）＋数量補語

我 见过 他 一 回。
Wǒ jiànguo tā yì huí.

他 在 车站 等了 我 半 个 钟头。
Tā zài chēzhàn děngle wǒ bàn ge zhōngtóu.

■暗唱

1) A：你每天都看电视吗？
　　　Nǐ měi tiān dōu kàn diànshì ma?
　B：是的。我每天看半个小时电视。
　　　Shì de. Wǒ měi tiān kàn bàn ge xiǎoshí diànshì.

毎日テレビを見ますか。

はい。毎日30分テレビを見ます。

2) A：你去玩儿了几天？
　　　Nǐ qù wánrle jǐ tiān?
　B：我去玩儿了三天。
　　　Wǒ qù wánrle sān tiān.

何日間遊びに行きましたか。

3日間遊びに行きました。

■作文

1) 私は京都で1回彼に会ったことがあります。　　　　　京都 Jīngdū

2) 私は昨日2時間テレビドラマを見ました。　　　　　电视剧 diànshìjù

3 "快～了"　　"快（快要／要／就要）"は語気助詞の"了"と呼応して用いると，動作が間もなく始まろうとすることを表す。"了"は文末に置く。

快（快要／要／就要）＋動詞＋目的語＋了　　　まもなく～する

我们　快要　放　暑假　了。
Wǒmen　kuàiyào　fàng　shǔjià　le.

■暗唱

1) A：现在几点？
　　　Xiànzài jǐ diǎn?
　B：快到十点了。
　　　Kuài dào shí diǎn le.

いま何時ですか。

もうすぐ10時になります。

2) A：快要放暑假了。
　　　Kuàiyào fàng shǔjià le.
　B：是啊，你有什么计划吗？
　　　Shì a, nǐ yǒu shénme jìhuà ma?
　A：我想去上海旅游。
　　　Wǒ xiǎng qù Shànghǎi lǚyóu.

もうすぐ夏休みになります。

そうですね。なにか計画がありますか。

上海旅行に行こうと思っています。

■作文

1) もうすぐ雨が降りそうです。　　　　　　　　　　　　下雨 xià yǔ

2) 彼はまもなく帰国します。　　　　　　　　　　　　回国 huíguó

4 助動詞"想" 〜したい／〜したいと思う

想 + 動詞　　　　　　　　　　　　　否定形：不想 + 動詞

我 想 去 香港 旅行。　　　　　　　我 不 想 坐 电车 去。
Wǒ xiǎng qù Xiānggǎng lǚxíng.　　　Wǒ bù xiǎng zuò diànchē qù.

■暗唱

1) A：你想不想吃面条儿？　　　　　　麺類が食べたいですか。
   Nǐ xiǎng bu xiǎng chī miàntiáor?

   B：不想吃。我想吃饺子。　　　　　食べたくありません，餃子を食べたいです。
   Bù xiǎng chī. Wǒ xiǎng chī jiǎozi.

2) A：你想去哪儿旅游？　　　　　　　どこへ旅行に行きたいですか。
   Nǐ xiǎng qù nǎr lǚyóu?

   B：我想去外国旅游。你呢？　　　　私は外国旅行に行きたいです。あなたは？
   Wǒ xiǎng qù wàiguó lǚyóu. Nǐ ne?

   A：我想去北海道玩儿。　　　　　　私は北海道へ遊びに行きたいです。
   Wǒ xiǎng qù Běihǎidào wánr.

■作文

1) 私は大阪へ試合を見に行きたいです。　　　　　　　看比赛 kàn bǐsài

2) コーヒーを飲みたいですか。——飲みたくありません。

さまざまな表現＆補充語句

1. **只 + 動詞**　　～だけ，～しかない　　"只"は副詞で，動詞の前に置く。

   我只去过北京。　　　　　　　　　　　　　北京にだけ行ったことがある。
   Wǒ zhǐ qùguo Běijīng.

2. **听说 ～**　　聞くところによれば～だそうだ

   听说他去加拿大留学了。　　　　　　　　　聞くところによると，彼はカナダへ
   Tīngshuō tā qù Jiānádà liúxué le.　　　　　　留学しに行ったそうだ。

3. **给～**　　～に　　"给"は前置詞。→ p.55

   请给我介绍一下。　　　　　　　　　　　　私に紹介してください。
   Qǐng gěi wǒ jièshào yíxià.

   我给你发短信。　　　　　　　　　　　　　私はあなたにメールを送る。
   Wǒ gěi nǐ fā duǎnxìn.

4. **動詞 + 过 没有？**　**～了 没有？**　　"没有"は文末に置く。"吗"に置き換えられる。

   你去过东京没有？　　　　　　　　　　　　東京に行ったことがありますか。
   Nǐ qùguo Dōngjīng méiyou?

   你吃了没有？　　　　　　　　　　　　　　食べましたか。
   Nǐ chī le méiyou?

5. **"二" と "两"**　　"二"は「順序」を数える。"两"は「数量」を数え，量詞の前につける。

二	二月 2月 èryuè	第二 第2 dì'èr	十二 12 shí'èr	二十 20 èrshí
两	两个月 2ヶ月 liǎng ge yuè	两本书 2冊の本 liǎng běn shū	两次 2回 liǎng cì	两米 2メートル liǎng mǐ

回数（～回／～度）

次・回 cì　huí 回／度	趟 tàng 一往復	遍 biàn 初めから終わりまで一通り	顿 dùn 食事や叱責の回数
去过 两 回 qùguo liǎng huí 2回行ったことがある	去了 一 趟 qùle yí tàng 行ってきた	看过 两 遍 kànguo liǎng biàn 2回読んだことがある	说了 他 一 顿 shuōle tā yí dùn 彼をこっぴどく叱った

時間

两 分 钟 liǎng fēn zhōng 2分間	一个 小时 yí ge xiǎoshí 1時間	半个 钟头 bàn ge zhōngtóu 30分間	两 个 半 钟头 liǎng ge bàn zhōngtóu 2時間半
一个 星期 yí ge xīngqī 1週間	一 周 yì zhōu 1週間	两 个 月 liǎng ge yuè 2ヶ月	两 天 liǎng tiān 2日間
一 年 yì nián 1年	两 年 liǎng nián 2年		

復習2

I 文法のまとめ

1) 否定を表す"不"と"没(有)"

"是"と形容詞の否定形	過去・現在・未来に関係なく"不"を使って表す。	
不是～ ～ではない ～ではなかった	这不是我的眼镜。 Zhè bú shì wǒ de yǎnjìng.	・これは私のメガネではない。
	昨天不是七号。 Zuótiān bú shì qī hào.	・昨日は7日ではなかった。
不＋形容詞 ～くない ～くなかった	今天不忙。 Jīntiān bù máng.	・今日は忙しくない。
	昨天也不忙。 Zuótiān yě bù máng.	・昨日も忙しくなかった。

動詞の否定形	"不"は意志または習慣上の動作や未来の動作の否定を表す。 "没(有)"はそれまでにそういう動作がなかったことを表す。	
不＋動詞 ～しない	他明天不来。 Tā míngtiān bù lái.	・彼は明日来ない。
没(有)＋動詞 ～していない ～しなかった	他前天没来。 Tā qiántiān méi lái.	・彼は一昨日来なかった。
	他还没有来。 Tā hái méiyou lái.	・彼はまだ来ていない。
	他没有来过。 Tā méiyou láiguo.	・彼は来たことがない。

動詞"有"の否定形 没(有) "不有"は使わない	后天我没有空。 Hòutiān wǒ méiyou kòng.	・明後日私は暇がない。

助動詞の否定形 不＋助動詞	我不会游泳。 Wǒ bú huì yóuyǒng.	・私は泳げない。
	我不想去。 Wǒ bù xiǎng qù.	・私は行きたくない。

2) **前置詞** 前置詞は介詞とも言い，語句の前に置き，前置詞フレーズを作る。前置詞フレーズは述語の前に置き，その場所・方向・時間・対象・目的・比較などを表す。 **124**

在 p.38	場所	在〜 〜で	我哥哥在银行工作。 Wǒ gēge zài yínháng gōngzuò.	• 兄は銀行で働いている。
从 p.46	起点	从〜 〜から	寒假从几号开始？ Hánjià cóng jǐ hào kāishǐ?	• 冬休みは何日から始まるの？
到 p.46	到着点	到〜 〜まで	从这儿到那儿要五分钟。 Cóng zhèr dào nàr yào wǔ fēn zhōng.	• ここからあそこまで5分かかる。
离 p.46	距離	A 离 B 〜 A は B から〜 离〜 〜まで	我家离公园不远。 Wǒ jiā lí gōngyuán bù yuǎn. 离放春假还有两周。 Lí fàng chūnjià hái yǒu liǎng zhōu.	• 私の家は公園から遠くない。 • 春休みになるまでまだ2週間ある。
给 p.53	受け手 受益者	给〜 〜に 〜のために	我没给弟弟打电话。 Wǒ méi gěi dìdi dǎ diànhuà. 他给我当翻译。 Tā gěi wǒ dāng fānyì.	• 私は弟に電話をしなかった。 • 彼は私に通訳をしてくれる。
对 p.47	対象	对〜 〜に（対して）	他对政治不感兴趣。 Tā duì zhèngzhì bù gǎn xìngqù.	• 彼は政治に興味がない。
和 p.47 跟 p.49	相手	和〜 〜と（に） 跟〜 〜と（に）	我和朋友一起去。 Wǒ hé péngyou yìqǐ qù. 请跟我联系。 Qǐng gēn wǒ liánxì.	• 私は友人と一緒に行く。 • 私に連絡してください。
比 p.84	比較	比〜 〜より	他比我小两岁。 Tā bǐ wǒ xiǎo liǎng suì.	• 彼は私より2歳年下だ。
向 p.72	方向	向〜 〜へ（に）	向右拐就是。 Xiàng yòu guǎi jiù shì.	• 右に曲がればすぐだ。
往 p.79	方向	往〜 〜へ（に）	往前走。 Wǎng qián zǒu.	• 前に向かって行ってください。
为了 p.82	目的	为了〜 〜ために	他为了锻炼身体，每天跑步。 Tā wèile duànliàn shēntǐ, měi tiān pǎobù.	• 彼は体を鍛えるために毎日ジョギングをする。

3）"几"と"多少"

"几"も"多少"も数量（いくつ，どれくらい）を尋ねる疑問詞である。

"几"は10以下の数を予測して尋ねたり，時刻・日付などを尋ねたりする場合に用いられる。「几＋量詞＋名詞」のように量詞が要る。

"多少"は数の多いことを想定して尋ねる。「多少＋（量詞）＋名詞」のように量詞が省略できる。時刻・日付には使えない。

モノの数量の問い方

几 jǐ　　いくつ　　几＋量詞＋名詞　　　　　　多少 duōshao　どれくらい　　多少＋名詞

几本书 jǐ běn shū　　　何冊の本　　　　　　　多少书 duōshao shū　　　　どれくらいの本

几个学生 jǐ ge xuésheng　何人の学生　　　　　多少学生 duōshao xuésheng　どれくらいの学生

● 你要几个？　　　　　　何個要りますか。　　● 你要多少？　　　　　　　どれくらい要りますか？
Nǐ yào jǐ ge?　　　　　　　　　　　　　　　　Nǐ yào duōshao?

● 你们班有多少学生？　　あなたのクラスには学生がどれくらいいますか。
Nǐmen bān yǒu duōshao xuésheng?

時間（の量）の問い方　　（多长时间 duō cháng shíjiān　どれくらいの時間）

几分钟 jǐ fēn zhōng　　何分間　　几个小时（钟头）jǐ ge xiǎoshí(zhōngtóu)　何時間

几个星期 jǐ ge xīngqī　　何週間　　几个月 jǐ ge yuè　　　　　　　　　　　　何ヶ月

几天 jǐ tiān　　　　　　何日間　　多少天 duōshao tiān　　　　　　　　　　 何日間

几年 jǐ nián　　　　　　何年間　　多少年 duōshao nián　　　　　　　　　　 何年間

● 你在北京玩儿了几天？　北京で何日遊びましたか。
Nǐ zài Běijīng wánrle jǐ tiān?

値段の問い方

多少钱 duōshao qián　　いくら

● 这件毛衣多少钱？　このセーターはいくらですか。　——五千八百日元。　5,800円です。
Zhèi jiàn máoyī duōshao qián?　　　　　　　　　—— Wǔqiān bābǎi rìyuán.

日付や時刻の問い方　（什么时候 shénme shíhou　いつ）

几月 jǐ yuè　　何月　　　几号 jǐ hào　　何日　　　星期几 xīngqī jǐ　　何曜日

几点 jǐ diǎn　何時　　　几分 jǐ fēn　　何分

● 今天几号？　今日は何日ですか。　　● 现在几点几分？　いま何時何分ですか？
Jīntiān jǐ hào?　　　　　　　　　　　　Xiànzài jǐ diǎn jǐ fēn?

Ⅱ 総合練習

1. 次の質問に否定形で答えなさい。

   1) 你是二年级的学生吗？　　　　Nǐ shì èr niánjí de xuésheng ma?

   _____

   2) 你家离地铁站远吗？　　　　　Nǐ jiā lí dìtiězhàn yuǎn ma?

   _____

   3) 佐藤，你打乒乓球吗？　　　　Zuǒténg, nǐ dǎ pīngpāngqiú ma?

   _____

   4) 小王，你吃饭了吗？　　　　　Xiǎo Wáng, nǐ chīfàn le ma?

   _____

   5) 昨天你给他打电话了吗？　　　Zuótiān nǐ gěi tā dǎ diànhuà le ma?

   _____

   6) 先生，您会说韩语吗？　　　　Xiānsheng, nín huì shuō Hányǔ ma?

   _____

   7) 李小姐，你明天有空吗？　　　Lǐ xiǎojiě, nǐ míngtiān yǒu kòng ma?

   _____

   8) 你想去看足球比赛吗？　　　　Nǐ xiǎng qù kàn zúqiú bǐsài ma?

   _____

   9) 小张滑过雪吗？　　　　　　　Xiǎo Zhāng huáguo xuě ma?

   _____

   10) 老李对动画片感兴趣吗？　　　Lǎo Lǐ duì dònghuàpiàn gǎn xìngqù ma?

   _____

2．（　　）の語句を適切な箇所に使って，文を書き改め，日本語に訳しなさい。

1) 听说他有课。（星期四）　　　　Tīngshuō tā yǒu kè. (xīngqīsì)

　　_____　_____

2) 我明天打工。（在超市）　　　　Wǒ míngtiān dǎgōng. (zài chāoshì)

　　_____　_____

3) 大家上汉语课。（在）　　　　　Dàjiā shàng Hànyǔ kè. (zài)

　　_____　_____

4) 我没有发短信。（给她）　　　　Wǒ méiyou fā duǎnxìn. (gěi tā)

　　_____　_____

5) 我想买铅笔。（两枝）　　　　　Wǒ xiǎng mǎi qiānbǐ. (liǎng zhī)

　　_____　_____

3．与えられた日本語の意味になるように①〜④の語句を並べ替えなさい。

1) 兄は月に２回テニスをします。　　①两次　　②打　　③一个月　　④网球

　　我哥哥 _____ 。

2) 私は毎日１時間テレビを見ます。　①一个小时　②每天　③看　　④电视

　　我 _____ 。

3) 私は地下鉄で行きたいです。　　　①坐　　②想　　③去　　④地铁

　　我 _____ 。

4) 姉は９月に中国に旅行する予定です。①中国　　②去　　③旅游　　④九月

　　我姐姐打算 _____ 。

5) もうすぐ10時になります。行きましょう。①十点钟　②了　③到　④快要

　　_____，我们走吧。

4．次の各文の空欄を埋めるのに最も適当なものを①～④の中から１つ選びなさい。 → p.55 前置詞

1) 我家（　）医院不太远。　　　　　　Wǒ jiā(　)yīyuàn bú tài yuǎn.
　　① 往　② 从　③ 向　④ 离

2) （　）下班还有半个小时。　　　　　(　)xiàbān hái yǒu bàn ge xiǎoshí.
　　① 离　② 向　③ 从　④ 往

3) 她（　）中国文化很感兴趣。　　　　Tā(　)Zhōngguó wénhuà hěn gǎn xìngqù.
　　① 给　② 对　③ 和　④ 跟

4) 抽烟（　）身体不好。　　　　　　　Chōu yān(　)shēntǐ bù hǎo.
　　① 给　② 对　③ 向　④ 跟

5) 咱们下午四点（　）这里出发。　　　Zánmen xiàwǔ sì diǎn(　)zhèli chūfā.
　　① 离　② 去　③ 从　④ 一块儿

6) （　）这儿到机场要十分钟。　　　　(　)zhèr dào jīchǎng yào shí fēn zhōng.
　　① 从　② 在　③ 向　④ 离

7) 我姐姐在（　）朋友聊天儿呢。　　　Wǒ jiějie zài(　)péngyou liáotiānr ne.
　　① 给　② 对　③ 和　④ 一起

8) 他经常（　）我发伊妹儿。　　　　　Tā jīngcháng(　)wǒ fā yīmèir.
　　① 在　② 对　③ 向　④ 给

5.

1）次の語を朗読して，漢字を覚えよう。

大家	大学	学生	学习	学校	留学
dàjiā	dàxué	xuésheng	xuéxí	xuéxiào	liúxué
汉语	英语	英国	美国	中国	国家
Hànyǔ	Yīngyǔ	Yīngguó	Měiguó	Zhōngguó	guójiā
今年	今天	每天	昨天	上午	下午
jīnnián	jīntiān	měi tiān	zuótiān	shàngwǔ	xiàwǔ
高兴	兴趣	高中	打工	工作	作业
gāoxìng	xìngqù	gāozhōng	dǎgōng	gōngzuò	zuòyè
电话	电影	电视	出发	发音	音乐
diànhuà	diànyǐng	diànshì	chūfā	fāyīn	yīnyuè
足球	棒球	下课	课本	飞机	手机
zúqiú	bàngqiú	xiàkè	kèběn	fēijī	shǒujī

2）次の語句にピンインをつけよう。

车站	公司	周末	听说	中文
咖啡	钟头	星期	经济	帮助
旅游	回家	红茶	小时	词典
准备	烤鸭	进步	教室	暑假
唱歌	左右	面条	看书	地铁
最近	爱好	老师	杂志	喜欢

6．次の文を中国語に訳しなさい。

1) コーヒーはとてもおいしいです。

2) 私は昨日忙しかったです。

3) 姉はいま上海にいます。

4) 彼は野球をするのが好きです。

5) あなたたちは明日何時に出発しますか。

6) 私は昨日映画を見に行きませんでした。

7) 私は毎日自転車で通学しています。

8) あなたは車の運転ができますか。

9) 私は友人と一緒に北京へ旅行に行きたい。

10) 家から大学まで1時間半かかります。

11) 彼女は一度北京に行ったことがあるそうです。

12) もうすぐ12時になります。

第9课　我到上海了

今天，我 从 关西 国际 机场 坐 飞机 来到 上海。我 是
Jīntiān, wǒ cóng Guānxī Guójì Jīchǎng zuò fēijī láidào Shànghǎi. Wǒ shì

晚上 六 点 半 到 的 酒店。我 住 的 酒店 在 市 中心，房间
wǎnshang liù diǎn bàn dào de jiǔdiàn. Wǒ zhù de jiǔdiàn zài shì zhōngxīn, fángjiān

不 大，但 很 舒适。从 房间 能 看到 东方 明珠塔，房间 里
bú dà, dàn hěn shūshì. Cóng fángjiān néng kàndào Dōngfāng Míngzhūtǎ, fángjiān li

还 可以 上网。刚才 我 给 李 香 打了 电话，约好 明天
hái kěyǐ shàngwǎng. Gāngcái wǒ gěi Lǐ Xiāng dǎle diànhuà, yuēhǎo míngtiān

一块儿 去 豫园 玩儿。过 一会儿，我 要 去 大堂 换钱，然后
yíkuàir qù Yùyuán wánr. Guò yíhuìr, wǒ yào qù dàtáng huànqián, ránhòu

出去 吃 晚饭。
chūqu chī wǎnfàn.

1．次の語句のピンインと日本語の意味を記入しよう。

机场 _____　　来到 _____　　到 _____　　酒店 _____

住 _____　　房间 _____　　但 _____　　舒适 _____

看到 _____　　还 _____　　上网 _____　　刚才 _____

打电话 _____　　约好 _____　　一块儿 _____　　过 _____

一会儿 _____　　换钱 _____　　然后 _____　　出去 _____

2．次の日本語を中国語で言ってから，簡体字で書いてみよう。

1) 今日，私は関西国際空港から飛行機で上海に来ました。

2) 私は夜6時半にホテルに到着したのです。

3) 私が泊まっているホテルは上海市の中心地にあります。

4) 部屋から上海東方明珠テレビ塔を見ることができます。

5) 部屋ではインターネットもできます。

6) 私は先ほど李香さんに電話をしました。

7) 私たちは明日一緒に豫園へ遊びに行く約束をしました。

8) 私はロビーへ両替に行ってから，晩ご飯を食べに出かけようと思います。

3．次の文を声に出して読んでみよう。

131

> 今天我坐飞机来到上海。我是晚上六点半到的酒店。我住的酒店在市中心，房间不大，但很舒适。房间里还可以上网。刚才我给李香打了电话，约好明天一块儿去豫园玩儿。过一会儿，我要去大堂换钱。

コキンchanの覚えて便利な会話

132

A：您好！欢迎光临。 　　Nín hǎo! Huānyíng guānglín.	こんにちは。ようこそ。
B：你好！我要换人民币。 　　Nǐ hǎo! Wǒ yào huàn rénmínbì.	こんにちは。人民元に両替したいですが。

文法トレーニング

1 "是～的"構文

すでに発生したことに対して，その動作の時間・場所・方式・主体を重点的に説明する時によく使う構文である。"的"は文末か文の最後の動詞の後につける。"是"は省略することもできる。否定形は"不是～的"である。

我（是）晚上 到 的 酒店。
Wǒ (shì) wǎnshang dào de jiǔdiàn.

我 不 是 在 台湾 买 的。
Wǒ bú shì zài Táiwān mǎi de.

■暗唱

1) A：你什么时候去的京都？
   Nǐ shénme shíhou qù de Jīngdū?
   いつ京都に行ったのですか。

   B：两个月前去的。
   Liǎng ge yuè qián qù de.
   2ヶ月前に行きました。

2) A：他是坐飞机来的吗？
   Tā shì zuò fēijī lái de ma?
   彼は飛行機で来たのですか。

   B：他不是坐飞机来的。
   Tā bú shì zuò fēijī lái de.
   彼は飛行機で来たのではありません。

■作文

1) あなたはいつ中国へ旅行に行ったのですか。

2) どこで買ったのですか。

2 助動詞"能""可以"

1) 助動詞"能"　（能力・条件・状況から見て）～することができる。
   "能不能～"は「～していただけませんか」。

他 明天 能 来。
Tā míngtiān néng lái.

我 喝 酒 了，不 能 开车。
Wǒ hē jiǔ le, bù néng kāichē.

能 不 能 来 机场 接 我？ ── 行。我 开车 去 接 你。
Néng bu néng lái jīchǎng jiē wǒ? Xíng. Wǒ kāichē qù jiē nǐ.

■ 暗唱

1) A：星期天你能去吗？ 日曜日行けますか。
　　　Xīngqītiān nǐ néng qù ma?
　 B：我有事，不能去。 用事があるので，行けません。
　　　Wǒ yǒu shì, bù néng qù.

2) A：能不能便宜点儿？ 少し安くしてもらえませんか。
　　　Néng bu néng piányi diǎnr?
　 B：不行。 だめです。
　　　Bùxíng.

2) **助動詞 "可以"**　　可能と許可を表す。否定は "不能／不可以" を用いる。
　　　　　　　　　　　　"不可以～" は「～してはいけない」。

这里　可以　上网。　　　　　　不　可以　喝　酒！
Zhèli　kěyǐ　shàngwǎng.　　　　Bù　kěyǐ　hē　jiǔ!

■ 暗唱

1) A：你今天下午可以来吗？ 今日の午後来ることができますか。
　　　Nǐ jīntiān xiàwǔ kěyǐ lái ma?
　 B：我有会，不能来。 会議があるので，来ることができません。
　　　Wǒ yǒu huì, bù néng lái.

2) A：可以照相吗？ 写真を撮っていいですか。
　　　Kěyǐ zhàoxiàng ma?
　 B：不可以。 だめです。
　　　Bù kěyǐ.

■作文

1) 私たちは明日授業があって，行くことができません。

2) ここはタバコを吸ってはいけません。　　　　　　　抽烟 chōu yān

3 助動詞 "要"

～したい／～しなければならない。否定は "不想" "不用" を用いる。
"不要～" は禁止の表現。→ p.68

我 要 换钱。
Wǒ yào huànqián.

我 一定 要 学好 汉语。
Wǒ yídìng yào xuéhǎo Hànyǔ.

■暗唱

1) A：你要喝可乐吗？
   Nǐ yào hē kělè ma?
   コーラを飲みたいですか。

   B：我不想喝可乐。
   Wǒ bù xiǎng hē kělè.
   コーラは飲みたくありません。

2) A：我也要参加吗？
   Wǒ yě yào cānjiā ma?
   私も参加しなければなりませんか。

   B：你不用参加。
   Nǐ búyòng cānjiā.
   あなたは参加しなくていいです。

■作文

1) 私は李さんに電話をしたい。

2) 私たちも必ず行かなければなりませんか。

4 方向補語

"来／去" は動詞の後に置き，動作の方向などを示す。
目的語は場所である場合，必ず "来／去" の前につける。

	上 shàng 上がる	下 xià 下りる	进 jìn 入る	出 chū 出る	回 huí 戻る	过 guò 通る	起 qǐ 起きる
来 くる lái	上来 shànglai	下来 xiàlai	进来 jìnlai	出来 chūlai	回来 huílai	过来 guòlai	起来 qǐlai
去 いく qù	上去 shàngqu	下去 xiàqu	进去 jìnqu	出去 chūqu	回去 huíqu	过去 guòqu	――

咱们 回去 吧。
Zánmen huíqu ba.

咱们 回 酒店 去 吧。
Zánmen huí jiǔdiàn qù ba.

■暗唱

1) A：照相机带来了吗？　　　　　　カメラを持ってきましたか。
　　　Zhàoxiàngjī dàilai le ma?

　　B：对不起，我又忘了。　　　　　　すみません，また忘れました。
　　　Duìbuqǐ, wǒ yòu wàng le.

2) A：咱们走上去，怎么样？　　　　　歩いて上がっていくのはどうですか。
　　　Zánmen zǒushangqu, zěnmeyàng?

　　B：还是坐电梯上去吧。　　　　　　やはりエレベーターで上がっていきましょう。
　　　Háishi zuò diàntī shàngqu ba.

■作文

1) 李さんは戻ってきましたか。

2) もうすぐ9時です。教室に入っていきましょう。

さまざまな表現＆補充語句

1. 動態助詞 "了"　　動詞の後につけ，動作の完了を表す。

我给田中打了电话，约好一起去。　　　　　　田中さんに電話をして，一緒に行く
Wǒ gěi Tiánzhōng dǎle diànhuà, yuēhǎo yìqǐ qù.　　約束をした。

2. 禁止の表現　　副詞 "不要〜" "别〜" は禁止を表す。〜しないでください，〜してはいけない

请不要客气。　　　　　　　　　　　　　　　遠慮しないでください。
Qǐng búyào kèqi.

别生气。　　　　　　　　　　　　　　　　　怒らないでください。
Bié shēngqì.

3. いろいろな "吧"　　"吧 ba" は語気助詞で，文末につけ，勧誘・命令・推測などの語気を表す。

● 咱们一起去故宫吧。　　　　　　　　　　　一緒に故宮に行きましょう。
Zánmen yìqǐ qù Gùgōng ba.

● 请上车吧！　　　　　　　　　　　　　　　どうぞご乗車ください。
Qǐng shàngchē ba!

● 这个菜有点儿辣吧？　　　　　　　　　　　この料理はすこし辛いでしょう？
Zhèige cài yǒudiǎnr là ba?

> "吧 bā" は名詞で，従来 "酒吧 jiǔbā"（バー bar）を指していたが，現在，新語としての "〜吧 bā" は，特定のサービスや娯楽を提供するリラックス空間，さまざまな専門店，カルチャーセンターなどの場所を指すことに用いられている。

网吧	商务吧	音乐吧	陶吧	书吧	迪吧
wǎngbā	shāngwùbā	yīnyuèbā	táobā	shūbā	díbā
ネットカフェ	ビジネスルーム	ミュージックバー	陶芸教室	読書喫茶	ディスコバー

方向補語

带去	走上去	走进去	跑过去	站起来	想起来
dàiqu	zǒushangqu	zǒujinqu	pǎoguoqu	zhànqilai	xiǎngqilai
持っていく	歩いて上がっていく	入っていく	走っていく	立ち上がる	思い出す
带来	走上来	走进来	跑过来	笑起来	热起来
dàilai	zǒushanglai	zǒujinlai	pǎoguolai	xiàoqilai	rèqilai
持ってくる	歩いて上がってくる	入ってくる	走ってくる	笑い出す	暑くなってくる

方位詞

〜＋面 miàn　　〜＋边儿 bianr									
前	后	上	下	里	外	左	右	东	南	西	北
qián	hòu	shàng	xià	lǐ	wài	zuǒ	yòu	dōng	nán	xī	běi
前	後	上	下	中	外	左	右	東	南	西	北

中国の世界遺産 リスト

順番	登録年	場　所	遺産分類	遺産名
1	1987年	山東省	複合遺産	泰山
2	1987年	北京市他	文化遺産	万里の長城
3	1987年	北京市他	文化遺産	明・清の皇宮群
4	1987年	甘粛省	文化遺産	莫高窟
5	1987年	陝西省	文化遺産	秦の始皇帝陵及び兵馬俑坑
6	1987年	北京市	文化遺産	北京原人遺跡
7	1990年	安徽省	複合遺産	黄山
8	1992年	四川省	自然遺産	九寨溝
9	1992年	四川省	自然遺産	黄龍の景観と歴史地域
10	1992年	湖南省	自然遺産	武陵源の景観と歴史地域
11	1994年	河北省	文化遺産	承徳の避暑山荘と外八廟
12	1994年	湖北省	文化遺産	武当山の古代建築物群
13	1994年	山東省	文化遺産	三孔
14	1994年	チベット	文化遺産	ラサのポタラ宮歴史地区
15	1996年	江西省	文化遺産	廬山国立公園
16	1996年	四川省	複合遺産	峨眉山と楽山大仏
17	1997年	雲南省	文化遺産	麗江旧市街
18	1997年	山西省	文化遺産	古都平遥
19	1997年	江蘇省	文化遺産	蘇州古典園林
20	1998年	北京市	文化遺産	頤和園
21	1998年	北京市	文化遺産	天壇公園
22	1999年	福建省	複合遺産	武夷山
23	1999年	重慶市	文化遺産	大足石刻
24	2000年	四川省	文化遺産	青城山と都江堰
25	2000年	安徽省	文化遺産	安徽省南部の古代集落群
26	2000年	河南省	文化遺産	龍門石窟
27	2000年	北京他	文化遺産	明・清朝の皇帝陵墓群
28	2001年	山西省	文化遺産	雲崗石窟
29	2003年	雲南省	自然遺産	雲南三江併流
30	2004年	吉林省	文化遺産	高句麗前期の都城と古墳
31	2005年	マカオ	文化遺産	マカオ歴史地区
32	2006年	四川省	自然遺産	四川省のジャイアントパンダ保護区
33	2006年	河南省	文化遺産	殷墟
34	2007年	広東省	文化遺産	開平の望楼群と村落
35	2007年	中国南部	自然遺産	中国南部カルスト
36	2008年	福建省	文化遺産	福建土楼
37	2008年	江西省	自然遺産	三清山国立公園
38	2009年	山西省	文化遺産	五台山
39	2010年	福建省他	自然遺産	丹霞山
40	2010年	河南省	文化遺産	天地之中歴史建築群
41	2011年	浙江省	文化遺産	杭州西湖の文化的景観
42	2012年	内モンゴル	文化遺産	元朝の上都遺跡
43	2012年	雲南省	自然遺産	澄江生物化石地

中国の世界遺産：2012年7月までの登録リストによる。

第10课　我走着去外滩

上海　旅游　景点　很　多，交通　也　很　方便。观光　可以
Shànghǎi lǚyóu jǐngdiǎn hěn duō, jiāotōng yě hěn fāngbiàn. Guānguāng kěyǐ

利用　公交车　和　地铁，也　可以　打的。今晚　我　想　出去
lìyòng gōngjiāochē hé dìtiě, yě kěyǐ dǎdī. Jīnwǎn wǒ xiǎng chūqu

散散步。于是　我　就　问　酒店　服务员　去　外滩　怎么　走。她
sànsanbù. Yúshì wǒ jiù wèn jiǔdiàn fúwùyuán qù Wàitān zěnme zǒu. Tā

告诉　我，外滩　离　酒店　不　怎么　远，要是　走着　去　的话，
gàosu wǒ, Wàitān lí jiǔdiàn bù zěnme yuǎn, yàoshi zǒuzhe qù dehuà,

用不了　十　分　钟。她　还　给了　我　一　张　地图。我　能　听懂
yòngbuliǎo shí fēn zhōng. Tā hái gěile wǒ yì zhāng dìtú. Wǒ néng tīngdǒng

服务员　说　的　话，非常　高兴。黄浦江　两岸　的　夜景　值得　去
fúwùyuán shuō de huà, fēicháng gāoxìng. Huángpǔjiāng liǎng'àn de yèjǐng zhídé qù

看　一　看。
kàn yi kàn.

1. 次の語句のピンインと日本語の意味を記入しよう。

景点　　　　　　方便　　　　　　公交车　　　　　　地铁

打的　　　　　　散步　　　　　　于是　　　　　　问

服务员　　　　　　怎么　　　　　　走　　　　　　告诉

不怎么~　　　　　　要是　　　　　　的话　　　　　　用不了

给　　　　　　~张　　　　　　地图　　　　　　听懂

2．次の日本語を中国語で言ってから，簡体字で書いてみよう。

1）上海は観光スポットが多いし，交通も便利です。

2）バスや地下鉄が利用できます。また，タクシーも利用できます。

3）今晩，私は散歩に出かけようと思っています。

4）私はホテルの従業員に外灘(バンド)へはどのように行くかと尋ねました。

5）外灘(バンド)はホテルからそれほど遠くありません。

6）歩いて行ったら，10分もかかりません。

7）ホテルの従業員は地図1枚をくれました。

8）私はホテルの従業員の言葉が分かって，とても嬉しかったです。

3．次の文を声に出して読んでみよう。

148

上海旅游景点很多，交通也很方便。今晚我想出去散散步。于是我就问酒店服务员去外滩怎么走。她告诉我，外滩离酒店不怎么远，走着去的话，用不了十分钟。她还给了我一张地图。我能听懂服务员说的话，非常高兴。

コキンchanの覚えて便利な会話

149

A：劳驾，请给我发票。　　　　　　　すみません，領収書をください。
　　Láojià, qǐng gěi wǒ fāpiào.

B：好。请等一会儿。　　　　　　　　かしこまりました。しばらくお待ちください。
　　Hǎo. Qǐng děng yíhuìr.

文法トレーニング

1 二重目的語

150

動詞 + 間接目的語（相手〜に）+ 直接目的語（〜を）

他 星期六 教 小学生 英语。
Tā xīngqīliù jiāo xiǎoxuéshēng Yīngyǔ.

我 想 问 老师 一 个 问题。
Wǒ xiǎng wèn lǎoshī yí ge wèntí.

■暗唱

151

1) A：劳驾，请给我一张导游图。　　　すみません，観光案内図を1枚ください。
　　　Láojià, qǐng gěi wǒ yì zhāng dǎoyóutú.
   B：好。请等一下。　　　　　　　　はい。少々お待ちください。
　　　Hǎo. Qǐng děng yíxià.

2) A：能不能告诉我怎么走？　　　　　どのように行くのか教えていただけませんか。
　　　Néng bu néng gàosu wǒ zěnme zǒu?
   B：到了路口，向右拐。　　　　　　交差点に着いたら，右へ曲がってください。
　　　 Dàole lùkǒu, xiàng yòu guǎi.

■作文

1) ホテルの電話番号を教えていただけませんか。　　　　电话号码 diànhuà hàomǎ

2) 王先生は私たちに中国語を教えます。　　　　　　　　王 Wáng

2 助詞"着"　　"着"は動詞₁の後につき，動詞₂の状況などを表す。

152

動詞₁ + 着 + 動詞₂

走着 去。　　　笑着 说。　　　躺着 看 书。
zǒuzhe qù.　　xiàozhe shuō.　　tǎngzhe kàn shū.
歩いて行く。　ほほえみながら言う。　横になって本を読む。

咱们 还是 坐着 看 吧。
Zánmen háishi zuòzhe kàn ba.

■ 暗唱

1) A：走着去，还是骑车去？
   Zǒuzhe qù, háishi qí chē qù?
   歩いて行きますか，それとも自転車で行きますか。

   B：不远，走着去吧。
   Bù yuǎn, zǒuzhe qù ba.
   遠くないから，歩いて行きましょう。

2) A：她对你说什么了？
   Tā duì nǐ shuō shénme le?
   彼女はあなたになにを言いましたか。

   B：她笑着说："谢谢！"
   Tā xiàozhe shuō:"Xièxie!"
   彼女はほほえみながら「ありがとう」と言いました。

■ 作文

1) 私は歩いて行きたいです。

2) 立って見ますか，それとも座って見ますか。　　　站 zhàn

3 接続詞"要是"

要是～的话, 就…　　もし～ならば, …

要是 远（的话），我们 就 打的 去 吧。
Yàoshi yuǎn (dehuà), wǒmen jiù dǎdī qù ba.

（要是）有 机会 的话，我 还 想 去 一 趟。
(Yàoshi) yǒu jīhui dehuà, wǒ hái xiǎng qù yí tàng.

■ 暗唱

1) A：咱们怎么去？
   Zánmen zěnme qù?
   どのように行きますか。

   B：近的话，就走着去吧。
   Jìn dehuà, jiù zǒuzhe qù ba.
   近ければ，歩いて行きましょう。

2) A：要是有时间，你想干什么？
   Yàoshi yǒu shíjiān, nǐ xiǎng gàn shénme?
   もし時間があれば，なにをしたいですか。

   B：我想旅游。
   Wǒ xiǎng lǚyóu.
   旅行したいです。

■作文

1) もし暇があれば，私は行きます。

2) もし地下鉄で行くならば，30分かかります。　　　　　　　　　坐地铁 zuò dìtiě

4 結果補語

結果補語は動詞または形容詞からなり，動詞の後に置き，動作の結果を表す。否定形は"没(有)"を用いる。

動詞 + 結果補語（動詞／形容詞）

听懂	没有 听懂	看错	写好
tīngdǒng	méiyou tīngdǒng	kàncuò	xiěhǎo
聞いて分かる	聞いて分からない	見間違える	書き終わる

去 北京 的 机票 已经 买到 了。
Qù Běijīng de jīpiào yǐjīng mǎidào le.

■暗唱

1) A：你听懂了吗？　　　　　　　　　　　　　聞いて分かりましたか。
　　　Nǐ tīngdǒng le ma?

　　B：我没听懂，请再说一遍。　　　　　　　聞いてわかりません。
　　　Wǒ méi tīngdǒng, qǐng zài shuō yí biàn.　もう一度言ってください。

2) A：作业做好了没有？　　　　　　　　　　　宿題をやり終えましたか。
　　　Zuòyè zuòhǎo le méiyou?

　　B：还没做好呢。　　　　　　　　　　　　まだやり終えていませんよ。
　　　Hái méi zuòhǎo ne.

■作文

1) この漢字は書き間違えました。　　　　　　　　　　　　　　汉字 hànzì

2) すみません，私は聞き間違えました。　　　　　　　　　　　听错 tīngcuò

さまざまな表現&補充語句

1. **不怎么** + 形容詞　　たいして～でない

   今天天气不怎么好。　　　　　　　　　今日の天気はそんなによくない。
   Jīntiān tiānqì bù zěnme hǎo.

2. **请～**　　どうぞ（～してください）

   请给我一张。　　　　　　　　　　　　私に1枚ください。
   Qǐng gěi wǒ yì zhāng.

   请进！　　　　　　　　　　　　　　　どうぞお入りください。
   Qǐng jìn!

3. 動詞の重ね型・動詞+"一下"

	動詞+動詞	動詞+一下	動詞+一+動詞	ちょっと～する
看 1音節動詞	看看 kànkan	看一下 kàn yíxià	看一看 kàn yi kàn	ちょっと見てみる
休息 2音節動詞	休息休息 xiūxi xiūxi	休息一下 xiūxi yíxià	×	ちょっと休憩する
散步 離合動詞	散散步 sànsanbù	散一下步 sàn yíxià bù	×	ちょっと散歩する

A：星期天你一般干什么？ 　Xīngqītiān nǐ yìbān gàn shénme?	日曜日普通なにをしますか。
B：我在家上上网，看看书。 　Wǒ zài jiā shàngshang wǎng, kànkan shū.	家でちょっとインターネットをしたり本を読んだりします。

離合動詞（2音節で、その間にほかの成分を挿入できる動詞）

睡觉 shuì//jiào 寝る	起床 qǐ//chuáng 起きる	上课 shàng//kè 授業を受ける	下课 xià//kè 授業が終わる	上班 shàng//bān 出勤する	下班 xià//bān 退勤する	打工 dǎ//gōng アルバイトをする
游泳 yóu//yǒng 泳ぐ	滑雪 huá//xuě スキーをする	跑步 pǎo//bù 走る	留学 liú//xué 留学する	毕业 bì//yè 卒業する	结婚 jié//hūn 結婚する	上网 shàng//wǎng インターネットをする

結果補語

看懂 kàndǒng 読んで分かる	听懂 tīngdǒng 聞いて分かる	吃完 chīwán 食べ終わる	喝完 hēwán 飲み終わる	说错 shuōcuò 言い間違える	写错 xiěcuò 書き間違える	做好 zuòhǎo やり終える
看见 kànjiàn 目に入る	听见 tīngjiàn 耳に入る	找着 zhǎozháo 見つける	买着 mǎizháo 手に入る	找到 zhǎodào 見つける	买到 mǎidào 手に入る	借走 jièzǒu 借りていく

骑走 qízǒu 乗っていく

第10課

第11课　我们一边吃一边聊天儿

豫园 是 一 座 古典 园林，景观 很 漂亮。我们 从 豫园
Yùyuán shì yí zuò gǔdiǎn yuánlín, jǐngguān hěn piàoliang. Wǒmen cóng Yùyuán

出来 以后，在 豫园 商场 逛了 一会儿。豫园 商场 可
chūlai yǐhòu, zài Yùyuán Shāngchǎng guàngle yíhuìr. Yùyuán Shāngchǎng kě

热闹 了，真 不愧 是 小吃 王国。小吃 种类 又 多，味道 又
rènao le, zhēn búkuì shì xiǎochī wángguó. Xiǎochī zhǒnglèi yòu duō, wèidao yòu

好。吃饭 的 时候，小 李 让 我 用 汉语 点了 各 种 点心。
hǎo. Chīfàn de shíhou, Xiǎo Lǐ ràng wǒ yòng Hànyǔ diǎnle gè zhǒng diǎnxin.

我 要了 小笼包、粽子、春卷 和 饺子。我们 一边 吃 一边
Wǒ yàole xiǎolóngbāo, zòngzi, chūnjuǎn hé jiǎozi. Wǒmen yìbiān chī yìbiān

聊天儿。虽然 我 汉语 说得 还 不 大 流利，但是 我 喜欢 说
liáotiānr. Suīrán wǒ Hànyǔ shuōde hái bú dà liúlì, dànshì wǒ xǐhuan shuō

汉语。我们 准备 吃了 饭，就 去 新天地。
Hànyǔ. Wǒmen zhǔnbèi chīle fàn, jiù qù Xīntiāndì.

1. 次の語句のピンインと日本語の意味を記入しよう。

～座	古典	园林	漂亮
逛	可～了	热闹	不愧
小吃	种类	味道	又～又…
用	点	点心	聊天儿
虽然	但是	不大～	流利

2．次の日本語を中国語で言ってから，簡体字で書いてみよう。

1) 私たちは豫園を出てから，しばらく豫園商場で見物しました。

2) 豫園商場はとても賑やかです。

3) 軽食は種類も豊富で，味もおいしいです。

4) 食べる時，李さんは私に中国語でいろいろな点心を注文させてくれました。

5) 私は小籠包，粽，春巻と餃子を頼みました。

6) 私たちは食べながら，雑談をしました。

7) 私は中国語を話すのがまだあまり流暢ではありません。

8) 私たちは食事をしてから，新天地へ行く予定です。

3．次の文を声に出して読んでみよう。

　　豫园商场可热闹了，小吃种类又多，味道又好。吃饭时，小李还让我用汉语点了各种点心。我要了小笼包、粽子、春卷和饺子。我们一边吃一边聊天儿。虽然我汉语说得不大流利，但是我喜欢说汉语。

コキンchanの 覚えて便利な会話

A：今天我请客。　　　　　　　　　今日私がご馳走します。
　　Jīntiān wǒ qǐngkè.

B：不好意思，还是 AA 制吧。　　　おそれいります，やはり割り勘にしましょう。
　　Bù hǎoyìsi, háishi AA zhì ba.

文法トレーニング

1 "让・叫"構文

述語の部分が二つの動詞から構成され，目的語₁が同時に動詞₂の主語にもなっている構文を兼語文という。使役の意味を持つ動詞"让、叫"を用いた文も兼語文になる。否定詞は動詞₁の前につける。

A（主語）＋ 让／叫（動詞₁）＋ B（目的語₁・動詞₂の主語）＋ 動詞₂＋目的語₂

　　AはBに～させる　／　AはBに～するように言った

老师　让　我们　练习　会话。
Lǎoshī ràng wǒmen liànxí huìhuà.

我　妈　不　让　我　看　漫画。
Wǒ mā bú ràng wǒ kàn mànhuà.

■暗唱

1) A：你去，还是不去？　　　　　　　行きますか，それとも行かないのですか。
　　　Nǐ qù, háishi bú qù?
　 B：让我考虑一下。　　　　　　　　ちょっと考えさせてください。
　　　Ràng wǒ kǎolǜ yíxià.
2) A：让我用中文点菜。　　　　　　　中国語で料理を注文させてください。
　　　Ràng wǒ yòng Zhōngwén diǎn cài.
　 B：行。你点吧。　　　　　　　　　いいですよ。注文してください。
　　　Xíng. Nǐ diǎn ba.

■作文

1) ちょっと見せてください。

2) 母は私に晩ご飯を作るように言いました。

2 "一边～ 一边…"　2つの動作が同時に進行することを表す。

（一）边＋ 動詞＋目的語　（一）边＋ 動詞＋目的語　　～しながら，…する

我 喜欢 一边 听 音乐，一边 做 作业。
Wǒ xǐhuan yìbiān tīng yīnyuè, yìbiān zuò zuòyè.

咱们　边 走 边 谈 吧。
Zánmen biān zǒu biān tán ba.

■暗唱

1) A：边吃边聊吧。
   Biān chī biān liáo ba.
   食べながら話しましょう。

   B：别客气，多吃点儿。
   Bié kèqi, duō chī diǎnr.
   遠慮しないで，たくさん食べてください。

2) A：我经常一边吃饭，一边看电视。
   Wǒ jīngcháng yìbiān chīfàn, yìbiān kàn diànshì.
   私はいつも食事をしながらテレビを見ます。

   B：我也是。
   Wǒ yě shì.
   私もです。

■作文

1) 父は毎朝コーヒーを飲みながら，新聞を読みます。　　　报 bào

2) 妹は歌いながら踊るのが好きです。　　　跳舞 tiàowǔ

3　動態助詞"了"　動詞の後につき，動作の完了を表す。

動詞＋了＋目的語 ＋ 就／再＋動詞＋目的語　　～してから，～する

我 想 吃了 饭 以后, 再 去 大阪。
Wǒ xiǎng chīle fàn yǐhòu, zài qù Dàbǎn.

他 下了 班, 就 回去 了。
Tā xiàle bān, jiù huíqu le.

■暗唱

1) A：下了课就去吗？
   Xiàle kè jiù qù ma?
   授業が終わったら，すぐ行きますか。

   B：不，吃了饭再去吧。
   Bù, chīle fàn zài qù ba.
   いいえ，食事をしてから行きましょう。

2) A：请问，去和平饭店怎么走？
   Qǐngwèn, qù Hépíng Fàndiàn zěnme zǒu?
   ちょっとお尋ねしますが，和平飯店へはどう行くのですか。

   B：到了路口，再往左拐就是。
   Dàole lùkǒu, zài wǎng zuǒ guǎi jiù shì.
   交差点に着いたら，左へ曲がればすぐです。

■作文

1) 映画を見てから食事をしましょう。

2) 彼は授業が終わったら，すぐサッカーをしに行きました。 踢足球 tī zúqiú

4　構造助詞"得"　動作・行為の状態を示す様態補語を導く。

(動詞)＋目的語 ＋ 動詞＋得 ＋ 様態補語(形容詞など)

说得 很 好。
shuōde hěn hǎo.
話すのが上手です。

(说)汉语 说得 很 好。
(shuō) Hànyǔ shuōde hěn hǎo.
中国語を話すのが上手です。

你 汉语 说得 怎么样？
Nǐ Hànyǔ shuōde zěnmeyàng?

我 说得 不 太 流利。
Wǒ shuōde bú tài liúlì.

我们 昨天 玩儿得 很 开心。
Wǒmen zuótiān wánrde hěn kāixīn.

暗唱

1) A：你做菜做得怎么样？　　　　　　　あなたの料理の腕前はどうですか。
　　　Nǐ zuò cài zuòde zěnmeyàng?
　　B：我做得不太好。　　　　　　　　　あまり得意ではありません。
　　　Wǒ zuòde bú tài hǎo.

2) A：他棒球打得好不好？　　　　　　　彼は野球が上手ですか。
　　　Tā bàngqiú dǎde hǎo bu hǎo?
　　B：听说他打得很不错。　　　　　　　彼はとても上手だそうです。
　　　Tīngshuō tā dǎde hěn búcuò.

■作文

1) 彼女は料理を作るのが得意です。

2) 私は昨晩はやく寝ました。　　　　　　　　　　　　　　早 zǎo

さまざまな表現＆補充語句

173

1. 可＋ 形容詞 ＋了　　たいへん～　　"可"は副詞で，程度が高いことを表す。

   小笼包可好吃了！　　　　　　　　　　　ショーロンポウはたいへん美味しい！
   Xiǎolóngbāo kě hǎochī le!

2. 又～又…　　～であるうえに…

   这种点心又好吃又便宜。　　　　　　　　この種の軽食は美味しいし，安い。
   Zhèi zhǒng diǎnxin yòu hǎochī yòu piányi.

3. ～ ＋的＋时候　　～ ＋时　　～時に

   我做作业的时候，常常听音乐。　　　　　私は宿題をする時によく音楽を聞く。
   Wǒ zuò zuòyè de shíhou, chángcháng tīng yīnyuè.

   去图书馆时，别忘了还书。　　　　　　　図書館に行く時に，本を返すのを忘
   Qù túshūguǎn shí, bié wàngle huán shū.　　れないでください。

4. 不大＋ 形容詞 ＝不太～　　あまり～でない

   我今天不大舒服。　　　　　　　　　　　今日体の調子があまりよくない。
   Wǒ jīntiān bú dà shūfu.

5. 虽然～，但是…　　～であるが，しかし…　　逆接を表す複文。

   麻婆豆腐虽然很辣，但是很好吃。　　　　マーボー豆腐は辛いけれど，美味しい。
   Mápó dòufu suīrán hěn là, dànshì hěn hǎochī.

174

飲み物

冰咖啡 bīngkāfēi アイスコーヒー	可乐 kělè コーラ	雪碧 Xuěbì スプライト	芬达 Fēndá ファンタ	芒果汁 mángguǒzhī マンゴージュース	矿泉水 kuàngquánshuǐ ミネラルウオーター
老酒 lǎojiǔ ラオチュウ	白酒 báijiǔ パイチュウ	啤酒 píjiǔ ビール	葡萄酒 pútaojiǔ ワイン	白兰地 báilándì ブランデー	威士忌 wēishìjì ウイスキー	鸡尾酒 jīwěijiǔ カクテル

175

食べ物

面条儿 miàntiáor めん類	炒面 chǎomiàn 焼そば	饺子 jiǎozi 餃子	锅贴 guōtiē 焼き餃子	馄饨 húntun ワンタン	肉包子 ròubāozi 肉まん	稀饭 xīfàn おかゆ	盒饭 héfàn お弁当
三明治 sānmíngzhì サンドイッチ	汉堡包 hànbǎobāo ハンバーガー	咖喱饭 gālífàn カレーライス	比萨饼 bǐsàbǐng ピザ	热狗 règǒu ホットドッグ	蛋糕 dàngāo ケーキ	快餐 kuàicān ファーストフード	

第12课　我买了几盒茶叶

昨天 晚上 我 看完 杂技 表演，正要 回 酒店 时，突然
Zuótiān wǎnshang wǒ kànwán zájì biǎoyǎn, zhèngyào huí jiǔdiàn shí, tūrán

下起 雨 来 了。我 没 带 伞，被 雨 淋 了。不过，下了 雨，
xiàqǐ yǔ lái le. Wǒ méi dài sǎn, bèi yǔ lín le. Búguò, xiàle yǔ,

凉快 多 了。今天 为了 买 礼品，我 和 小 李 去了 南京 路。
liángkuai duō le. Jīntiān wèile mǎi lǐpǐn, wǒ hé Xiǎo Lǐ qùle Nánjīng Lù.

我 在 那儿 给 父母 买了 一 瓶 白酒 和 几 盒 茶叶。白酒
Wǒ zài nàr gěi fùmǔ mǎile yì píng báijiǔ hé jǐ hé cháyè. Báijiǔ

贵得 很。茶叶 没 有 白酒 贵，一 盒 才 十八 块 钱。小 李
guìde hěn. Cháyè méi yǒu báijiǔ guì, yì hé cái shíbā kuài qián. Xiǎo Lǐ

买了 一 件 旗袍。旗袍 颜色 很 好，价钱 也 比 日本 的
mǎile yí jiàn qípáo. Qípáo yánsè hěn hǎo, jiàqian yě bǐ Rìběn de

便宜。我 还 想 买 几 套 剪纸。
piányi. Wǒ hái xiǎng mǎi jǐ tào jiǎnzhǐ.

1. 次の語句のピンインと日本語の意味を記入しよう。

看完 _____　　杂技 _____　　正要 _____　　突然 _____

下雨 _____　　～起来 _____　　凉快 _____　　～多了 _____

为了 _____　　～瓶 _____　　几盒 _____　　茶叶 _____

～得很 _____　　才 _____　　～件 _____　　旗袍 _____

颜色 _____　　价钱 _____　　便宜 _____　　～套 _____

2．次の日本語を中国語で言ってから，簡体字で書いてみよう。

1) 夕べちょうどホテルに戻ろうとしたところ，急に雨が降り出しました。

2) 私は傘を持っていなかったので，雨にぬれてしまいました。

3) 雨が降った後，ずいぶん涼しくなりました。

4) 私は南京路で両親に1本の白酒（パイチュウ）と数箱のお茶を買いました。

5) 白酒はとても高かったです。

6) お茶は白酒ほど高くありません。1箱はわずか18元でした。

7) 李さんはチャイナドレスを1着買いました。

8) 値段は日本のより安いです。

3．次の文を声に出して読んでみよう。

昨天晚上我看完杂技表演，正要回酒店时，突然下起雨来了。我没带伞，被雨淋了。不过，下了雨，凉快多了。今天我在南京路给父母买了一瓶白酒和几盒茶叶。小李买了一件旗袍。旗袍颜色很好，价钱也比日本的便宜。

コキンchanの覚えて便利な会話

A：请问，可以用信用卡吗？　　　　　　　　すみません，クレジットカードは使えますか。
　　Qǐngwèn, kěyǐ yòng xìnyòngkǎ ma?

B：可以。请到那边儿刷卡。　　　　　　　　使えます。あちらでお支払いください。
　　Kěyǐ.　Qǐng dào nàbianr shuākǎ.

文法トレーニング

1 "被"構文　前置詞 "被／让／叫" を用いた文は受身表現になる。"让／叫" は話し言葉で用いられ，Bが省略できない。否定詞は "被／让／叫" の前につける。

A ＋ 被（＋ B）・让／叫 ＋ B ＋ 動詞 ＋ ほかの成分　　　AはBによって〜される

鱼 被（猫）吃 了。
Yú bèi māo chī le.

你 的 行李 没 被 偷走，在 那边儿。
Nǐ de xíngli méi bèi tōuzǒu, zài nàbianr.

■暗唱

1) A：他怎么了？　　　　　　　　　　　　彼はどうしたのですか。
   Tā zěnme le?

   B：他好像被老师说了一顿。　　　　　　彼は先生にひどく叱られたようです。
   Tā hǎoxiàng bèi lǎoshī shuōle yí dùn.

2) A：雨下得真大！　　　　　　　　　　　雨が本当に大降りですね。
   Yǔ xiàde zhēn dà!

   B：是啊，衣服都被雨淋湿了。　　　　　そうですね。服が雨に濡れてしまいました。
   Shì a, yīfu dōu bèi yǔ línshī le.

■作文

1) 彼は先生にほめられました。　　　　　　　　　　　　　表扬 biǎoyáng

2) 私のパソコンは弟にいじり壊されました。　　　　电脑 diànnǎo　弄坏 nònghuài

2 前置詞 "比"　比較を表す。

A ＋ 比 ＋ B 〜　　AはBより〜

今天 比 昨天 暖和。
Jīntiān bǐ zuótiān nuǎnhuo.

这个 比 那个 便宜 一点儿。
Zhèige bǐ nèige piányi yìdiǎnr.

■暗唱

1) A：这件比那件贵多少钱？
　　　Zhèi jiàn bǐ nèi jiàn guì duōshao qián?
　 B：贵十块钱。
　　　Guì shí kuài qián.

2) A：你姐姐比你大几岁？
　　　Nǐ jiějie bǐ nǐ dà jǐ suì?
　 B：她比我大两岁。
　　　Tā bǐ wǒ dà liǎng suì.

これはあれよりいくら高いですか。

10元高いです。

お姉さんはあなたより何歳年上ですか。

姉は私より2歳年上です。

■作文

1) ここはあそこより少し賑やかです。　　　　　　　　热闹 rènao

2) 妹は私より2歳年下です。　　　　　　　　　　　　小 xiǎo

3　"A 没有 B ～"　　"A 比 B ～"の否定文としてよく用いられる。

A ＋ 没有 ＋ B ＋ (那么／这么) ～　　　AはBほど～でない

今天　没有　昨天　那么　热。
Jīntiān méiyou zuótiān nàme rè.

■暗唱

1) A：你哥哥比你还高吗？
　　　Nǐ gēge bǐ nǐ hái gāo ma?
　 B：不，他没有我高。
　　　Bù, tā méiyou wǒ gāo.

2) A：你汉语说得挺好的！
　　　Nǐ Hànyǔ shuōde tǐng hǎo de!
　 B：哪里哪里。没你说得流利。
　　　Nǎli nǎli. Méi nǐ shuōde liúlì.

お兄さんはあなたよりもっと背が高いですか。

いいえ，兄は私ほど背が高くありません。

中国語がなかなか上手ですね。

いえいえ，あなたほど流暢ではありません。

■**作文**

1) ここは北海道ほど寒くありません。　　　　　　　　　　冷 lěng

2) 彼はあなたほど身長が高くありません。

4　疑問詞の用法
疑問詞は疑問を表すことと不特定を表すことができる。不特定を表す場合は，疑問文に"吗"をつける。

这　条　裙子　多少　钱？　　　　　你　有　什么　事儿　吗？
Zhèi tiáo qúnzi duōshao qián?　　　Nǐ yǒu shénme shìr ma?

■**暗唱**

1) A：这个多少钱？　　　　　　　　これはいくらですか。
　　　Zhèige duōshao qián?
　　B：九块八毛五分。　　　　　　　9元8角5分です。
　　　Jiǔ kuài bā máo wǔ fēn.

2) A：我买来了几本漫画。　　　　　私は漫画を何冊か買ってきました。
　　　Wǒ mǎilaile jǐ běn mànhuà.
　　B：是吗？给我看看。　　　　　　そうですか。ちょっと見せてください。
　　　Shì ma? Gěi wǒ kànkan.

■**作文**

1) このチャイナドレスはいくらですか？

2) 私はウーロン茶をなん箱か買いました。　　　　乌龙茶 wūlóngchá　几盒 jǐ hé

さまざまな表現＆補充語句

1. 動詞 + 起（目的語）来　　〜し始める

   下起雨来了。　　　　　　　　　　　　　　　雨が降り出した。
   Xià qǐ yǔ lái le.

   大家马上就干起来了。　　　　　　　　　　　みんなすぐにやり始めた。
   Dàjiā mǎshàng jiù gànqilai le.

2. 形容詞 + 多了　　ずっと〜　　比較の差が大きいことを表す。

   今天比昨天凉快多了。　　　　　　　　　　　今日は昨日よりずっと涼しい。
   Jīntiān bǐ zuótiān liángkuai duō le.

3. 形容詞 + 得很　　とても〜　　程度が高いことを表す。

   四川菜辣得很。　　　　　　　　　　　　　　四川料理はとても辛い。
   Sìchuāncài làde hěn.

4. 金銭の言い方

   人民元の単位　　元 yuán　　角 jiǎo　　分 fēn（書き言葉）　　1 元 ＝ 10 角 ＝ 100 分
   　　　　　　　　块 kuài　　毛 máo　　分 fēn（話し言葉）

   日本円の単位　　日元 rìyuán

   一共三百二十块九毛五分。　　　　　　　　　合計で 320.95 元だ。
   Yígòng sānbǎi èrshí kuài jiǔ máo wǔ fēn.

5. 才 + 数量　　わずか〜　　　　　　　　　　才 + 時間　　まだ〜

   才五百日元。　わずか 500 円だ。　　　　　才七点。　まだ 7 時だ。
   Cái wǔbǎi rìyuán.　　　　　　　　　　　　Cái qī diǎn.

数

零 líng 0	十 shí 10	二十 èrshí 20	一百 yìbǎi 100	二百 èrbǎi 200	一千 yìqiān 1000	两千 liǎngqiān 2000	一万 yíwàn 10000	两万 liǎngwàn 20000
一百零一 yìbǎi líng yī 101			一千零一 yìqiān líng yī 1001		一千一（百） yìqiān yī(bǎi) 1100		一千零一十 yìqiān líng yīshí 1010	

通貨

人民币 rénmínbì 人民元	日元 rìyuán 日本円	美元 měiyuán USドル	欧元 ōuyuán ユーロ	英镑 yīngbàng ポンド	加元 jiāyuán カナダドル	澳元 àoyuán オーストラリアドル	港币 gǎngbì 香港ドル
外币 wàibì 外貨	现金 xiànjīn キャッシュ	信用卡 xìnyòngkǎ クレジットカード		旅行支票 lǚxíng zhīpiào トラベラーズチェック		纸币 zhǐbì 紙幣	硬币 yìngbì コイン

第13课　树下坐着一只熊猫

熊猫　是　世界　上　最　珍贵　的　动物　之　一。因为　熊猫
Xióngmāo　shì　shìjiè　shang　zuì　zhēnguì　de　dòngwù　zhī　yī.　Yīnwèi　xióngmāo

长得　特别　可爱，所以　男女　老少　都　喜爱　它。我　在　上海
zhǎngde　tèbié　kě'ài,　suǒyǐ　nánnǚ　lǎoshào　dōu　xǐ'ài　tā.　Wǒ　zài　Shànghǎi

动物园　里　拍了　好多　熊猫　的　照片。你　看，树　下　坐着　一
Dòngwùyuán　li　pāile　hǎoduō　xióngmāo　de　zhàopiàn.　Nǐ　kàn,　shù　xià　zuòzhe　yì

只　熊猫，正在　吃着　竹叶　呢。我　用　伊妹儿　把　这些　照片
zhī　xióngmāo,　zhèngzài　chīzhe　zhúyè　ne.　Wǒ　yòng　yīmèir　bǎ　zhèixiē　zhàopiàn

发给了　麦克。麦克　一　收到　照片，就　给　我　回了　邮件。他
fāgěile　Màikè.　Màikè　yì　shōudào　zhàopiàn,　jiù　gěi　wǒ　huíle　yóujiàn.　Tā

说　下周　到　中国　四川　去　旅游，先　去　九寨沟　玩儿，然后
shuō　xiàzhōu　dào　Zhōngguó　Sìchuān　qù　lǚyóu,　xiān　qù　Jiǔzhàigōu　wánr,　ránhòu

再　去　卧龙　看　熊猫。
zài　qù　Wòlóng　kàn　xióngmāo.

1．次の語句のピンインと日本語の意味を記入しよう。

熊猫 _____　最 _____　之一 _____　因为 _____

长 _____　所以 _____　喜爱 _____　它 _____

拍照片 _____　好多 _____　坐 _____　正在 _____

伊妹儿 _____　这些 _____　发给 _____　收到 _____

回 _____　邮件 _____　下周 _____　先 _____

2．次の日本語を中国語で言ってから，簡体字で書いてみよう。

1）パンダはとりわけ可愛いです。

2）老若男女みんなパンダが好きです。

3）私は上海動物園でパンダの写真をたくさん撮りました。

4）ほらご覧ください。

5）木の下に1頭のパンダが座っています。

6）パンダがちょうど笹を食べているところです。

7）私はEメールでこれらの写真をマイクに送りました。

8）マイクは写真を受け取ると，すぐにメールの返信をしてくれました。

3．次の文を声に出して読んでみよう。

　　　熊猫是世界上最珍贵的动物之一。因为熊猫长得特别可爱，所以男女老少都喜爱它。我在上海动物园里拍了好多熊猫的照片。你看，树下坐着一只熊猫，正在吃着竹叶呢。我用伊妹儿把这些照片发给了麦克。

コキンchanの
覚えて便利な会話

A：您好！可以帮我按一下快门吗？　　　すみません，シャッターを押してもらえませんか。
　　Nín hǎo! Kěyǐ bāng wǒ àn yíxià kuàimén ma?

B：好哇。　　　　　　　　　　　　　　分かりました。
　　Hǎo wa.

文法トレーニング

1 "因为～，所以…" ～ので，だから… 因果関係を示す複文で，"因为"の後の文は原因や理由を，"所以"の後の文は結果を表す。

因为　熊猫　长得　可爱，所以　大家　都　喜爱　它。
Yīnwèi xióngmāo zhǎngde kě'ài, suǒyǐ dàjiā dōu xǐ'ài tā.

■暗唱

1) A：你怎么没去？
　　　Nǐ zěnme méi qù?
　　B：我感冒了，所以没去。
　　　Wǒ gǎnmào le, suǒyǐ méi qù.

　どうして行かなかったのですか。

　風邪を引いたので，行きませんでした。

2) A：你为什么喜欢秋天？
　　　Nǐ wèi shénme xǐhuan qiūtiān?
　　B：因为我的生日在秋天。
　　　Yīnwèi wǒ de shēngrì zài qiūtiān.

　なぜ秋が好きなのですか。

　私の誕生日が秋にあるからです。

■作文

1) ここから遠いので，私たちはタクシーで行きましょう。

2) 彼は酒を飲んだから，車の運転ができません。

2 助詞"着"　動作・状態の持続を表す。

1) 場所～に ＋ 動詞＋着～している／してある ＋ 人・物事～が　　～に～が～してある

　　树　下　坐着　一　只　熊猫。
　　Shù xià zuòzhe yì zhī xióngmāo.

2) 動詞 ＋ 着 ＋ 目的語　～している　　●"正在／正"と併用できる。

　　熊猫　正在　吃着　竹叶　呢。
　　Xióngmāo zhèngzài chīzhe zhúyè ne.

■暗唱

1) A：墙上挂着什么？　　　　　　　　　　壁になにが掛けてありますか。
　　　Qiáng shang guàzhe shénme?

　　B：墙上挂着一张地图。　　　　　　　　壁に地図が1枚掛けてあります。
　　　Qiáng shang guàzhe yì zhāng dìtú.

2) A：外面正下着雨呢。　　　　　　　　　外は雨が降っていますよ。
　　　Wàimiàn zhèng xiàzhe yǔ ne.

　　B：雨停了，再走吧。　　　　　　　　　雨が止んでから，行きましょう。
　　　Yǔ tíngle, zài zǒu ba.

■作文

1) 黒板になにが書いてありますか。　　　　　　　　黒板 hēibǎn

2) 彼女たちは世間話をしているところです。　　　　聊天儿 liáotiānr

3　"一～，就…"　　～すると，すぐに…

这里 一 到 春节，人 就 更 多 了。
Zhèli yí dào Chūnjié, rén jiù gèng duō le.

■暗唱

1) A：你看见松下了没有？　　　　　　　　松下くんを見かけましたか。
　　　Nǐ kànjiàn Sōngxià le méiyou?

　　B：他一下课就去医院了。　　　　　　　彼は授業が終わると，すぐ病院に行きました。
　　　Tā yí xiàkè jiù qù yīyuàn le.

2) A：别忘了给我发短信。　　　　　　　　私にメールをするのを忘れないでね。
　　　Bié wàngle gěi wǒ fā duǎnxìn.

　　B：好。我一到机场就给你发短信。　　　わかりました。空港に着いたら，すぐメールをします。
　　　Hǎo. Wǒ yí dào jīchǎng jiù gěi nǐ fā duǎnxìn.

■作文

1) 私は毎朝6時になると，起きます。　　　　　　　起床 qǐchuáng

2) 雨が降ると，涼しくなります。　➡ p.93

4 "把"構文

前置詞"把"を用いた文は物事をどう処置するかを表す動詞述語文の一種である。助動詞や否定詞などは"把"の前につける。

主語 ＋ 把＋目的語〜を ＋ 動詞＋ほかの成分

我 把 照片 带来 了。
Wǒ bǎ zhàopiàn dàilai le.

他 没 把 相机 带来。
Tā méi bǎ xiàngjī dàilai.

主語 ＋ 把＋目的語〜を ＋ 動詞＋给〜 〜に…する

我 想 把 熊猫 的 照片 发给 朋友。
Wǒ xiǎng bǎ xióngmāo de zhàopiàn fāgěi péngyou.

■暗唱

1) A：一起去看比赛吧。　　　　　　　　　　一緒に試合を見に行きましょう。
   　　Yìqǐ qù kàn bǐsài ba.
   B：不行。我得把这些作业做完。　　　　　むりです。これらの宿題をやりおえなければなりません。
   　　Bùxíng. Wǒ děi bǎ zhèixiē zuòyè zuòwán.

2) A：你怎么没把课本带来？　　　　　　　　なぜ教科書を持ってこなかったのですか。
   　　Nǐ zěnme méi bǎ kèběn dàilai?
   B：对不起，我把课本借给同学了。　　　　すみません，教科書を同級生に貸しました。
   　　Duìbuqǐ, wǒ bǎ kèběn jiègěi tóngxué le.

■作文

1) 私は参考書を借りてきました。　　　　　　　　　　　　参考书 cānkǎoshū　借来 jièlai

2) このプレゼントを姉に贈りたいです。　　　　　　　　礼物 lǐwù　送给 sònggěi

さまざまな表現＆補充語句

1. **語気助詞"呢"**　文末につけ，"正""正在""着"と呼応して使う。→ p.102

   他们正在踢着足球呢。　　　　　　　　　　　　彼らはちょうどサッカーをしているところだよ。
   Tāmen zhèngzài tīzhe zúqiú ne.

2. **先～，然后再…**　まず～，それから…

   先坐地铁，然后再换电车。　　　　　　　　　　まず地下鉄に乗って，それから電車に乗り換える。
   Xiān zuò dìtiě, ránhòu zài huàn diànchē.

3. 形容詞 + 了　　～くなる　"了"は語気助詞で，状態の変化を表す。

   一下雨，就凉快了。　　　　　　　　　　　　　雨が降ると，涼しくなる。
   Yí xià yǔ, jiù liángkuai le.

4. **干支**

   A：你属什么？　何年生まれですか。　　B：我属猴。　申年生まれです。
   　　Nǐ shǔ shénme?　　　　　　　　　　　 Wǒ shǔ hóu.

   鼠 shǔ（子ね）　　牛 niú（丑うし） 　　虎 hǔ（寅とら） 　　兔 tù（卯う）

   龙 lóng（辰たつ） 　蛇 shé（巳み） 　　马 mǎ（午うま） 　　羊 yáng（未ひつじ）

   猴 hóu（申さる） 　鸡 jī（酉とり） 　　狗 gǒu（戌いぬ） 　　猪 zhū（亥い）

病気

生病 shēngbìng 病気になる	感冒 gǎnmào 風邪を引く	发烧 fāshāo 熱が出る	咳嗽 késou 咳をする	头疼 tóu téng 頭が痛い	牙痛 yá tòng 歯が痛い	嗓子疼 sǎngzi téng 喉が痛い
看病 kànbìng 受診する	吃药 chī yào 薬を飲む	住院 zhùyuàn 入院する	出院 chūyuàn 退院する	医生 yīshēng 医者	护士 hùshi 看護師	不舒服 bù shūfu 体調が悪い

天候と季節

晴天 qíngtiān 晴れ	阴天 yīntiān 曇り	雨天 yǔtiān 雨	下雨 xià yǔ 雨が降る	下雪 xià xuě 雪が降る	刮风 guā fēng 風が吹く	台风 táifēng 台風
春天 chūntiān 春	暖和 nuǎnhuo 暖かい	夏天 xiàtiān 夏	热 rè 暑い	秋天 qiūtiān 秋	凉快 liángkuai 涼しい	冬天 dōngtiān 冬

(最後の列に 冷 lěng 寒い)

第14课　我学了一年汉语了

我 已经 学了 一 年 汉语 了。汉语 虽然 很 难，但是 我
Wǒ yǐjīng xuéle yì nián Hànyǔ le. Hànyǔ suīrán hěn nán, dànshì wǒ

觉得 越 学 越 有 意思。在 上海 旅游 时，上海人 说
juéde yuè xué yuè yǒu yìsi. Zài Shànghǎi lǚyóu shí, Shànghǎirén shuō

上海话，我 一点儿 也 听不懂。不过，大家 跟 我 说话 的
Shànghǎihuà, wǒ yìdiǎnr yě tīngbudǒng. Búguò, dàjiā gēn wǒ shuōhuà de

时候，都 使用 普通话，因此 我 能 听懂 一些。这 次 旅行
shíhou, dōu shǐyòng pǔtōnghuà, yīncǐ wǒ néng tīngdǒng yìxiē. Zhè cì lǚxíng

收获 真 大！不但 游览了 很 多 景点，品尝了 各 种 美食，
shōuhuò zhēn dà! Búdàn yóulǎnle hěn duō jǐngdiǎn, pǐnchángle gè zhǒng měishí,

而且 还 接触了 不 少 中国人，提高了 汉语 的 会话 能力。
érqiě hái jiēchùle bù shǎo Zhōngguórén, tígāole Hànyǔ de huìhuà nénglì.

今后 我 要 更加 努力 地 学习 汉语。如果 有 机会，我 还 会
Jīnhòu wǒ yào gèngjiā nǔlì de xuéxí Hànyǔ. Rúguǒ yǒu jīhuì, wǒ hái huì

去 上海 玩儿 的。
qù Shànghǎi wánr de.

1. 次の語句のピンインと日本語の意味を記入しよう。

已经 _____　　觉得 _____　　越～越 _____　　有意思 _____

跟 _____　　普通话 _____　　因此 _____　　一些 _____

这次 _____　　收获 _____　　不但 _____　　而且 _____

品尝 _____　　接触 _____　　提高 _____　　更加 _____

努力 _____　　地 _____　　如果 _____　　机会 _____

2．次の日本語を中国語で言ってから，簡体字で書いてみよう。

1) 私は中国語を1年間習っています。

2) 中国語は難しいが，学べば学ぶほど面白く感じます。

3) 上海語は少しも聞き取れません。

4) 皆さんは私と話す時に中国語の共通語を使います。

5) だから私は聞いて少し分かりました。

6) 今回の旅行は得たものがほんとうに多かったです。

7) これから私はもっと中国語の勉強に励みます。

8) もし機会があれば，私はまた上海へ遊びに行きます。

3．次の文を声に出して読んでみよう。

　　我已经学了一年汉语了。虽然汉语越学越难，但是我觉得很有意思。这次在上海，我不但游览了很多景点，而且还品尝了上海的各种美食。今后有机会的话，我还想去上海玩儿。

コキンchanの覚えて便利な会話

A：很抱歉！让你久等了！ 　　Hěn bàoqiàn! Ràng nǐ jiǔ děng le!	申し訳ありません，お待たせ致しました。
B：没什么。我也刚到。 　　Méi shénme. Wǒ yě gāng dào.	いいえ，私も着いたばかりです。

文法トレーニング

1 二つの"了"の併用
動作・行為が現時点まで続いていることを表す。

211

動詞 + 了 + 動作の持続時間・回数・数量 + 目的語 + 了　〜している／〜した
(動詞) + 目的語 + 動詞 + 了 + 動作の持続時間・回数・数量 + 了　〜している／〜した

我 学了 一 年 汉语 了。
Wǒ xuéle yì nián Hànyǔ le.

我 (学) 汉语 学了 一 年 了。
Wǒ (xué) Hànyǔ xuéle yì nián le.

我 已经 念了 两 遍 了。
Wǒ yǐjīng niànle liǎng biàn le.

我 吃了 五 个 饺子 了，还 想 吃 一 个。
Wǒ chīle wǔ ge jiǎozi le, hái xiǎng chī yí ge.

■暗唱

212

1) A：你汉语学了多长时间了？　　　　どれくらい中国語を習っていますか。
　　　Nǐ Hànyǔ xuéle duō cháng shíjiān le?

　B：我学了一年了。　　　　　　　　1年間習っています。
　　　Wǒ xuéle yì nián le.

2) A：饺子味道怎么样？　　　　　　　餃子の味はどうですか。
　　　Jiǎozi wèidao zěnmeyàng?

　B：太好吃了。我已经吃了十个了。　実に美味しい！もう10個食べました。
　　　Tài hǎochī le. Wǒ yǐjīng chīle shí ge le.

■作文

1) 彼は英語を12年間習っているそうです。

2) あなたたちはもう何回朗読しましたか。

2 "一点儿 也（／都）" + 否定形
少しも〜でない。

213

冲绳　　冬天 一点儿 也 不 冷。
Chōngshéng dōngtiān yìdiǎnr yě bù lěng.

■暗唱　214

1) A：这件事情你知道吗？　　　　　　　　　この事を知っていますか。
   　　Zhèi jiàn shìqing nǐ zhīdao ma?

   B：我一点儿都不知道。　　　　　　　　　少しも知りません。
   　　Wǒ yìdiǎnr dōu bù zhīdào.

2) A：这条裤子贵不贵？　　　　　　　　　　このズボンは高いですか。
   　　Zhèi tiáo kùzi guì bu guì?

   B：五十块，一点儿也不贵。　　　　　　　50元で，少しも高くありません。
   　　Wǔshí kuài, yìdiǎnr yě bú guì.

■作文

1) 今回の試験は少しも難しくなかった。　　　　　　　　考试 kǎoshì

2) この料理は少しも辛くありません。　　　　　　　　　辣 là

3 助動詞"会"　可能性を表す。語気助詞"的"と一緒に使う場合もある。　215

会 + 動詞 + 目的語 +（的）　～だろう／～するはずだ

他们 一定 会 来 的。　　　　　　今天 不会 下 雪 的。
Tāmen yídìng huì lái de.　　　　Jīntiān bú huì xià xuě de.

■暗唱　216

1) A：今天会下雨吗？　　　　　　　　　　　今日は雨が降るでしょうか。
   　　Jīntiān huì xià yǔ ma?

   B：看样子不会下雨的。　　　　　　　　　見たところ，雨が降らないでしょう。
   　　Kàn yàngzi bú huì xià yǔ de.

2) A：他会不会知道？　　　　　　　　　　　彼は知っているでしょうか。
   　　Tā huì bu huì zhīdao?

   B：大概不会吧。　　　　　　　　　　　　たぶん知らないでしょう。
   　　Dàgài bú huì ba.

■作文

1) われわれのチームはきっと勝つでしょう。　　　　　　队 duì　赢 yíng

2) われわれが負けるはずはありません。　　　　　　　　输 shū

4 可能補語

結果補語か方向補語の前に"得"がくると，可能補語になり，可能を表す。
否定形は"得"を取り除き，"不"を入れる。

動詞＋得＋結果補語・方向補語　　　　動詞＋不＋結果補語・方向補語

听懂　　　　听得懂　　　　　　　　　听不懂
tīngdǒng　　tīngdedǒng　　　　　　　tīngbudǒng
聞いて分かる　聞いて理解できる　　　　聞いて理解できない

回来　　　　回得来　　　　　　　　　回不来
huílai　　　 huídelái　　　　　　　　huíbulái
帰ってくる　　帰ってくることができる　　帰ってくることができない

■暗唱

1) A：你听得懂广东话吧？　　　　　　　広東語が聞き取れるでしょう？
　　　 Nǐ tīngdedǒng Guǎngdōnghuà ba?

　 B：我听不懂。请用普通话说。　　　　聞き取れません。共通語で話して
　　　 Wǒ tīngbudǒng. Qǐng yòng pǔtōnghuà shuō.　ください。

2) A：后天你来得了来不了？　　　　　　明後日来られますか。
　　　 Hòutiān nǐ láideliǎo láibuliǎo?

　 B：我有事，来不了。　　　　　　　　用事があるので，来られません。
　　　 Wǒ yǒu shì, láibuliǎo.

■作文

1) 私は中国語の新聞がまだ読めません。　　　　　中文报 Zhōngwén bào

2) あなたたちは来週行くことができますか。

さまざまな表現＆補充語句

1. ~ + 地 + 動詞　　"地"は構造助詞で，語句の後につけて，動詞の修飾語を作る。

   我们应该认真地学习。　　　　　　　　　　　私たちは真面目に勉強すべきだ。
   Wǒmen yīnggāi rènzhēn de xuéxí.

2. 複文

   ● 因为~，所以…　　~であるから，…　　p.90

   因为秋天不冷不热，所以我很喜欢秋天。　　秋は暑くもなく寒くもないので，大好
   Yīnwèi qiūtiān bù lěng bú rè, suǒyǐ wǒ hěn xǐhuan qiūtiān.　きだ。

   ● 虽然~，但是（但、可是、可、不过）…　　~であるが，しかし…　　p.94

   虽然很难，但是我一定要学会。　　　　　　難しいが，私は必ずマスターする。
   Suīrán hěn nán, dànshì wǒ yídìng yào xuéhuì.

   ● 要是／如果~的话，就…　　もし~ならば，…　　p.73, 94

   要是便宜的话，我就买两个。　　　　　　　もし安ければ，私は2つ買う。
   Yàoshi piányi dehuà, wǒ jiù mǎi liǎng ge.

   如果有机会，请再来玩儿。　　　　　　　　もし機会があれば，また遊びに来てく
   Rúguǒ yǒu jīhuì, qǐng zài lái wánr.　　　　ださい。

   ● 又~，又…　　~であるうえに…　　p.81

   这个菜又好看又好吃。　　　　　　　　　　この料理は見た目もよくて，美味しい。
   Zhèige cài yòu hǎokàn yòu hǎochī.

   ● 一边~，一边…　　~しながら…する　　p.78

   他经常一边查词典，一边写信。　　　　　　彼はよく辞書を引きながら，手紙を書
   Tā jīngcháng yìbiān chá cídiǎn, yìbiān xiě xìn.　く。

   ● 一~，就…　　~すると，（すぐに）…　　p.91

   我一到机场，就给你打电话。　　　　　　　私は空港に着くと，すぐあなたに電話
   Wǒ yí dào jīchǎng, jiù gěi nǐ dǎ diànhuà.　をする。

   ● 不但~，而且（还／也）…　　~ばかりでなく，しかも…　　p.94

   我不但认识他，而且还认识他姐姐。　　　　私は彼ばかりでなく，彼の姉さんも知
   Wǒ búdàn rènshi tā, érqiě hái rènshi tā jiějie.　っている。

可能補語

看得懂	听得清楚	起得来	来得了	去得了	买得到
kàndedǒng	tīngdeqīngchu	qǐdelái	láideliǎo	qùdeliǎo	mǎidedào
読める	はっきりと聞き取れる	起きられる	来られる	行ける	買える
看不懂	听不清楚	起不来	来不了	去不了	买不到
kànbudǒng	tīngbuqīngchu	qǐbulái	láibuliǎo	qùbuliǎo	mǎibudào
読めない	はっきりと聞き取れない	起きられない	来られない	行けない	買えない

復習 3

I 文法のまとめ

1) アスペクト　動作の完成・実現・経験・進行・持続などの様相

完了形 p.50 p.79	動詞＋了＋ 回数・持続時間・数量＋目的語 〜した 動詞＋了＋目的語＋ 再／就＋動詞＋目的語 〜してから〜する	我学了两个小时英语。 Wǒ xuéle liǎng ge xiǎoshí Yīngyǔ. 吃了午饭再去吧。 Chīle wǔfàn zài qù ba. 他下了课就回家了。 Tā xiàle kè jiù huíjiā le.	・私は２時間英語を勉強した。 ・昼ご飯を食べてから行こう。 ・彼は授業が終わったら，すぐ帰った。
経験形 p.50	動詞＋过＋目的語 〜したことがある 没(有)＋動詞＋过＋目的語 〜したことがない	我去过广州。 Wǒ qùguo Guǎngzhōu. 他没有去过台湾。 Tā méiyou qùguo Táiwān.	・私は広州に行ったことがある。 ・彼は台湾に行ったことがない。
近未来形 p.51	要＋動詞＋目的語＋了 もうすぐ〜する 快(要)＋動詞＋目的語＋了 もうすぐ〜する 就要＋動詞＋目的語＋了 もうすぐ〜する	我们要放春假了。 Wǒmen yào fàng chūnjià le. 快要下雨了。 Kuàiyào xià yǔ le. 后天就要考试了。 Hòutiān jiù yào kǎoshì le.	・私たちはもうすぐ春休みになる。 ・雨が降りそうだ。 ・明後日はいよいよ試験だ。
進行形 p.38 p.88	在＋動詞＋目的語＋(呢) 〜している 正／正在＋ 動詞＋目的語＋(呢) ちょうど〜しているところだ	你在干什么？ Nǐ zài gàn shénme? 我正在看报呢。 Wǒ zhèngzài kàn bào ne.	・何をしているの？ ・私はちょうど新聞を読んでいるところだ。
持続形 p.90	動詞＋着＋目的語＋(呢) 〜している	外面下着雨。 Wàimiàn xiàzhe yǔ. 熊猫正在吃着竹叶呢。 Xióngmāo zhèngzài chīzhe zhúyè ne.	・外は雨が降っている。 ・パンダは笹を食べているところだ。

2）助動詞　述語の前につけ，能力・可能・願望・義務・必要などを表す。 **222**

会 p.44 p.97	可能	～することができる （会得した技能を持つ）	我会唱中文歌。 Wǒ huì chàng Zhōngwén gē.	• 私は中国語の歌が歌える。
	可能性	～するだろう 文末によく"的"を伴う。	他不会来的。 Tā bú huì lái de.	• 彼は来ないだろう。
能 p.64	可能	～することができる （条件・状況・能力から見る）	我周末能去。 Wǒ zhōumò néng qù.	• 私は週末に行くことができる。
			能不能便宜点儿？ Néng bu néng piányi diǎnr?	• 少し安くしてもらえませんか。
可以 p.65	可能	～することができる "能"と言い換えられる。 否定──"不能"	明天你可以来吗？ Míngtiān nǐ kěyǐ lái ma?	• 明日来ることができるか。
			我有事不能来。 Wǒ yǒu shì bù néng lái.	• 用事があるので，来られない。
	許可	～してよい 否定──"不可以""不能"	这里可以抽烟吗？ Zhèli kěyǐ chōu yān ma?	• ここはタバコを吸っていいか。
			不可以抽烟。 Bù kěyǐ chōu yān.	• タバコを吸ってはいけない。
想 p.52	願望	～したい 否定──"不想"	你想吃吗？ Nǐ xiǎng chī ma?	• 食べたいの？
			我不想吃。 Wǒ bù xiǎng chī.	• 食べたくない。
要 p.66	意志	～したい 否定──"不想"	你要看吗？ Nǐ yào kàn ma?	• 読みたいの？
			我不想看。 Wǒ bù xiǎng kàn.	• 読みたくない。
	必要	～しなければならない 否定──"不用""不必"	要买票吗？ Yào mǎi piào ma?	• 切符を買わないといけないの？
			不用买票。 Búyòng mǎi piào.	• 切符を買う必要がない。
得 p.92	必要	～しなければならない 否定──"不用""不必" 話し言葉でよく使われる。	得坐地铁吗？ Děi zuò dìtiě ma?	• 地下鉄に乗らなければならないか？
			不用坐地铁。 Búyòng zuò dìtiě.	• 地下鉄に乗らなくていい。

3) 語気助詞 "吧" "的" "吗" "呢"　文末につけ，いろいろな語気を表す。

吧	意志・勧誘の語気を表す。 〜しよう　p.68	咱们一起去吧。 Zánmen yìqǐ qù ba.	・一緒に行こう。
	命令の語気をやわらげる。p.68	请点菜吧。 Qǐng diǎn cài ba.	・料理を注文してください。
	推測の語気を表す。 〜だろう　p.68	用不了5分钟吧。 Yòngbuliǎo wǔ fēn zhōng ba.	・5分もかからないだろう。
的	すでに発生したことに用いる。 "是〜的"　〜したのだ　p.64	你是几点到的？ Nǐ shì jǐ diǎn dào de?	・何時に着いたのですか。
	助動詞 "会" と一緒に使う。 "会〜的"　〜するだろう　p.97	他一定会来的。 Tā yídìng huì lái de.	・彼はきっと来るだろう。
	副詞 "挺" と一緒に使う。 "挺〜的"　とても〜　p.85	熊猫挺可爱的。 Xióngmāo tǐng kě'ài de.	・パンダはとても可愛い。
吗	疑問を表す。p.35	你身体好吗？ Nǐ shēntǐ hǎo ma?	・お元気ですか。
呢	省略型疑問文 "〜呢？"　〜は？　p.35	我去。你呢？ Wǒ qù. Nǐ ne?	・僕は行く。君は？
	疑問詞のある文に用いる。p.49	你怎么去呢？ Nǐ zěnme qù ne?	・どのように行きますか。
	"正在／在／着" と併用する。 p.93	我们正在聊着天儿呢。 Wǒmen zhèngzài liáozhe tiānr ne.	・私たちは雑談をしているところですよ。

4）動態助詞"了"と語気助詞"了"　　　　　　　　　　　　　　**224**

　動態助詞"了"は動詞の後につけて，動作の完了を表す。語気助詞"了"は文末につけて，新しい状況の発生・状態の変化など様々な語気を表す。

動詞 + 目的語 + 了 〜した　p.44	我昨天看电影了。 Wǒ zuótiān kàn diànyǐng le.	・私は昨日映画を見た。
動詞 + 了 + 回数・持続時間・数量 + 目的語 〜した　p.50	他在北京住了三天。 Tā zài Běijīng zhùle sān tiān.	・彼は北京で3日間泊まっていた。
動詞 + 了 + 回数・持続時間・数量 + 目的語 + 了 （現時点まで）〜している / した　p.96	我学了一年汉语了。 Wǒ xuéle yì nián Hànyǔ le.	・私は中国語を1年間勉強している。
動詞 + 了 + 目的語 + 就 + 動詞 + 目的語 動詞 + 了 + 目的語 + 再 + 動詞 + 目的語 〜してから〜する　p.79	我下了车就去。 Wǒ xiàle chē jiù qù. 咱们吃了饭再去吧。 Zánmen chīle fàn zài qù ba.	・下車したら，すぐに行く。 ・食事をしてから，行こう。
（主語）快 / 要 / 快要 / 就要〜了 もうすぐ〜する　p.51	我们快要放假了。 Wǒmen kuàiyào fàngjià le. 快一年了。 Kuài yì nián le.	・私たちはもうすぐ休みになる。 ・もうすぐ1年になる。
形容詞 + 了　p.93 〜くなる	这几天凉快了。 Zhè jǐ tiān liángkuai le.	・ここ数日涼しくなった。
已经〜了　p.44 すでに〜した	他已经高中毕业了。 Tā yǐjīng gāozhōng bìyè le.	・彼はもう高校を卒業した。
又〜了　p.67 また〜した	我今天又迟到了。 Wǒ jīntiān yòu chídào le.	・私は今日また遅刻した。
太〜了　p.96 あまりにも〜すぎる／たいへん〜	饺子太好吃了。 Jiǎozi tài hǎochī le.	・餃子がたいへん美味しい。
可〜了　p.81 とても〜／実に〜	圣诞节可热闹了。 Shèngdàn Jié kě rènao le.	・クリスマスは実に賑やかだ。

II 総合練習

1. 次の質問に否定形で答えなさい。

1) 黄金周你能去旅行吗？　　　　　Huángjīnzhōu nǐ néng qù lǚxíng ma?

2) 请问，去美术馆要换车吗？　　　Qǐngwèn, qù měishùguǎn yào huànchē ma?

3) 你要吃面包吗？　　　　　　　　Nǐ yào chī miànbāo ma?

4) 可以休息一下吗？　　　　　　　Kěyǐ xiūxi yíxià ma?

5) 今天会下雪吗？　　　　　　　　Jīntiān huì xià xuě ma?

6) 这本小说你看完了吗？　　　　　Zhèi běn xiǎoshuō nǐ kànwán le ma?

7) 你们听得懂广东话吗？　　　　　Nǐmen tīngdedǒng Guǎngdōnghuà ma?

8) 他儿子英语说得流利吗？　　　　Tā érzi Yīngyǔ shuōde liúlì ma?

9) 你是在高中学的汉语吗？　　　　Nǐ shì zài gāozhōng xué de Hànyǔ ma?

10) 你母亲让你去吗？　　　　　　　Nǐ mǔqin ràng nǐ qù ma?

2．次の文を書き直して，日本語に訳しなさい。

(1) （ ）の語句を使って，"(是)～的"の構文に書き直しなさい。 ➡ p.64

1) 我哥哥大学毕业了。（去年）　　　　　Wǒ gēge dàxué bìyè le. (qùnián)

2) 他去天津出差了。（上星期）　　　　　Tā qù Tiānjīn chūchāi le. (shàng xīngqī)

3) 我吃北京烤鸭了。（在东京）　　　　　Wǒ chī Běijīng kǎoyā le. (zài Dōngjīng)

4) 我看比赛了。（和同学一起）　　　　　Wǒ kàn bǐsài le. (hé tóngxué yìqǐ)

5) 她父母去韩国旅行了。（坐船）　　　　Tā fùmǔ qù Hánguó lǚxíng le. (zuò chuán)

(2) "把"構文に書き直しなさい。 ➡ p.92

6) 请念一下这篇课文！　　　　　　　　　Qǐng niàn yíxià zhèi piān kèwén!

7) 我想打扫一下房间。　　　　　　　　　Wǒ xiǎng dǎsǎo yíxià fángjiān.

8) 我还没告诉她电话号码。　　　　　　　Wǒ hái méi gàosu tā diànhuà hàomǎ.

9) 我不愿意借给他课本。　　　　　　　　Wǒ bú yuànyì jiègěi tā kèběn.

10) 请给我那套邮票。　　　　　　　　　　Qǐng gěi wǒ nèi tào yóupiào.

3．与えられた日本語の意味になるように①～④の語句を並べ替え，（ ）に当てはまるものを番号で答えなさい。

1) 彼は今日スーパーでアルバイトをします。　① 超市　② 今天　③ 打工　④ 在

　　他 _____ _____ （ _____ ） _____ 。

2) 私は昨日雑誌を2冊買いました。　　　　　① 昨天　② 买了　③ 杂志　④ 两本

　　我 _____ _____ （ _____ ） _____ 。

3) 私は月に2回映画を見ます。　　　　　　　① 电影　② 两次　③ 看　④ 一个月

　　我 _____ _____ （ _____ ） _____ 。

4) 彼はここであなたを30分待ちました。　　① 你　② 了　③ 等　④ 半个钟头

　　他在这儿 _____ _____ （ _____ ） _____ 。

5) 彼は先月故郷に帰りました。　　　　　　① 去　② 回　③ 的　④ 老家

　　他是上个月 _____ _____ （ _____ ） _____ 。

6) ちょっと考えさせてください。　　　　　① 一下　② 考虑　③ 我　④ 让

　　请 _____ （ _____ ） _____ 。

7) 兄は私より2歳年上です。　　　　　　　① 两岁　② 大　③ 我　④ 比

　　我哥哥 _____ _____ （ _____ ） _____ 。

8) 玄関に自転車が1台置いてある。　　　　① 门口　② 一辆　③ 放着　④ 自行车

　　_____ _____ （ _____ ） _____ 。

9) 彼女は料理を作るのが得意だそうです。　① 很好　② 得　③ 做　④ 菜

　　听说她 _____ _____ （ _____ ） _____ 。

10) 参考書をすでに図書館に返した。　　　　① 还给　② 把参考书　③ 已经　④ 图书馆

　　我 _____ _____ （ _____ ） _____ 了。

4．次の各文の空欄を埋めるのに最も適当なものを①〜④の中から1つ選びなさい。

1) 请问，附近（　）车站？
   ① 有　　② 有没有　　③ 在　　④ 在不在

2) 她在（　）地方工作？
   ① 哪里　　② 哪儿　　③ 怎么　　④ 什么

3) 这个电影我（　）想看一遍。
   ① 又　　② 再　　③ 还　　④ 都

4) （　）放假还有两个星期。
   ① 离　　② 向　　③ 从　　④ 往

5) 你昨晚看排球比赛（　）没有？
   ① 过　　② 了　　③ 的　　④ 着

6) 快要过春节（　）。
   ① 的　　② 着　　③ 过　　④ 了

7) 我准备下（　）课就去打工。
   ① 到　　② 着　　③ 在　　④ 了

8) 你踢足球踢了十年（　），是吗？
   ① 了　　② 的　　③ 过　　④ 着

9) 我喜欢旅游。你（　）？
   ① 吗　　② 呢　　③ 的　　④ 吧

10) 大家正在唱中文歌（　）。
    ① 过　　② 的　　③ 呢　　④ 着

11) 他是什么时候回国（　　）？
　　① 吗　　② 过　　③ 的　　④ 吧

12) 她一定会来参加（　　）。
　　① 的　　② 得　　③ 过　　④ 着

13) 我刚才喝酒了，（　　）开车。
　　① 不会　　② 不能　　③ 不要　　④ 不行

14) 这儿（　　）北海道那么冷。
　　① 比　　② 跟　　③ 没有　　④ 不比

15) 我觉得这个菜（　　）辣。
　　① 一点儿　　② 一些　　③ 点儿　　④ 有点儿

16) 这件事情他（　　）都不知道。
　　① 点儿　　② 一点儿　　③ 有点儿　　④ 一些

17) 你歌唱（　　）真好听！
　　① 得　　② 的　　③ 了　　④ 着

18) 我的自行车（　　）借走了。
　　① 把　　② 叫　　③ 让　　④ 被

19) 路上堵车，（　　）我晚到了。
　　① 因为　　② 不过　　③ 所以　　④ 但是

20) 他（　　）会英语，而且也会韩语。
　　① 但是　　② 可是　　③ 虽然　　④ 不但

5. 次の文章を読んで，問1〜問6の答えとして，最も適当なものを，それぞれについて示してある①〜④の中から1つ選びなさい。

> 小张是从北京来的留学生。我们是去年春天认识 (1) 。他对日本文学特别感兴趣，日语说 (2) 很不错。我在学汉语，会说 (3) 汉语。我们经常在学校食堂一边吃午饭，一边聊天儿。小张给我介绍北京的名胜古迹，我给他介绍日本的风俗习惯。他还告诉我，他除了爱看漫画以外，还爱唱歌，从小就梦想着当一名歌手。正好我也喜欢唱歌。 (4) 我们经常一块儿去唱卡拉OK。
>
> 上个月我和朋友去了一趟上海，玩儿得很开心。朋友说有机会的话，还想去上海。我没去过北京。快要放春假了，我准备一放春假 (5) 去北京旅游。

問1 空欄（1）を埋めるのに適当なものは，次のどれか。

① 的　　② 过　　③ 着　　④ 了

問2 空欄（2）を埋めるのに適当なものは，次のどれか。

① 的　　② 得　　③ 着　　④ 了

問3 空欄（3）を埋めるのに適当なものは，次のどれか。

① 一下　　② 有点儿　　③ 一会儿　　④ 一点儿

問4 空欄（4）を埋めるのに適当なものは，次のどれか。

① 要是　　② 但是　　③ 所以　　④ 因为

問5 空欄（5）を埋めるのに適当なものは，次のどれか。

① 也　　② 就　　③ 再　　④ 还

問6 本文の内容に**合わない**ものは，次のどれか。

① 我不是一个人去的上海。
② 我打算放了春假再去北京玩儿。
③ 小张的日语很好。
④ 小张不喜欢看漫画。

6．次の日本語を中国語に訳しなさい。

1) 図書館はここからあまり遠くありません。

2) この辞書はいくらですか。

3) ちょっとお尋ねしますが，トイレはどこにありますか。

4) 今日は昨日ほど忙しくありません。

5) 私は友達にプレゼントを贈ります。

6) 私は昨日雑誌を2冊買いました。

7) 私は自転車で行きたくありません。

8) バスで行きますか，それとも歩いて行きますか。

9) 私は中国語が少し話せます。

10) 姉は中国語の歌を歌うのが上手です。

11) この料理は少しも辛くありません。

12) ここはタバコを吸ってはいけません。

7.

(1) 次の1）～5）の初めに掲げた語句と声調の組み合わせが同じものをそれぞれについて示してある①～④の中から1つ選びなさい。

1)	便宜	①	认识	②	休息	③	味道	④	觉得
2)	教室	①	音乐	②	爱好	③	出发	④	饺子
3)	学习	①	足球	②	茶叶	③	颜色	④	散步
4)	车站	①	工作	②	所以	③	唱歌	④	动物
5)	准备	①	旅游	②	流利	③	比赛	④	热闹

(2) 次の6）～10）に掲げた語句の正しいピンイン表記をそれぞれについて示してある①～④の中から1つ選びなさい。

6)	地铁	①	tìtiě	②	dìdiě	③	dìtiě	④	tìdiě
7)	杂志	①	zázhì	②	záxì	③	cázì	④	zájì
8)	喜欢	①	xǐfan	②	xǐhan	③	xǐhuan	④	sǐhuan
9)	告诉	①	kàoshù	②	gàoshù	③	kàosu	④	gàosu
10)	兴趣	①	xìnqù	②	xìngqù	③	xìnqì	④	xìngqì

付録1：

Ⅰ．第1课～第4课［確認テスト解答］

第1课 p.9

1．読まれた方の音節に○をつけなさい。
　　1）yi　2）yue　3）wu　4）ou　5）ei　6）e　7）wei　8）yao

2．録音を聞いて母音をピンイン表記で書き取りなさい。
　　1）　a　　o　　e　　i/yi　　u/wu　　ü/yu　　er
　　2）　ai　　ei　　ao　　ou
　　3）　ia/ya　　ie/ye　　ua/wa　　uo/wo　　üe/yue
　　4）　iao/yao　　iu/you　　uai/wai　　ui/wei

3．録音を聞いて声調符号を書き入れなさい。
　　1）ǎi　2）yī　3）wǔ　4）éi　5）wǒ
　　6）yòu　7）wāi　8）yuè　9）yáo　10）yě

第2课 p.13

1．読まれた方の音節に○をつけなさい。
　　1）bā　2）tà　3）gē　4）hē　5）měi　6）fú　7）lì　8）kāi

2．発音を聞いて□内から該当するピンイン表記を選んで（　）に書き込みなさい。
　　1）（kāfēi）（hǎohē）　　　　咖啡好喝。
　　2）（tā）（hē）（kāfēi）　　　他喝咖啡。
　　3）（wǒ）（gēge）（yě）（lái）　我哥哥也来。
　　4）（nǐ）（mèimei）（yǒu）（kè）你妹妹有课。

第3课 p.17

1．読まれた方の音節に○をつけなさい。
　　1）chī　2）qī　3）sì　4）rì　5）rè　6）jī　7）zì　8）xué

2．発音を聞いて□内から該当するピンイン表記を選んで（　）に書き込みなさい。
　　1）(yéye) 爷爷　(nǎinai) 奶奶　(lǎoye) 姥爷　(lǎolao) 姥姥
　　2）(bàba) 爸爸　(māma) 妈妈
　　3）(gēge) 哥哥　(jiějie) 姐姐　(wǒ) 我　(dìdi) 弟弟　(mèimei) 妹妹

第4课 p.21

1．読まれた方の音節に○をつけなさい。
　　1）yīng　2）yuǎn　3）màn　4）kòng　5）fēng　6）tiān　7）jīn　8）huán

2．発音を聞いて□内から該当するピンイン表記を選んで（　）に書き込みなさい。
　　1）(qǐng)(jìn) 请进！　　　　　　2）(qǐng)(tīng)(yīnyuè) 请听音乐。
　　3）(wǒ)(kàn)(diànyǐng) 我看电影。　4）(wǒ)(méiyou)(kòng) 我没有空。

Ⅱ．復習2，復習3［総合練習解答］

復習2　総合練習 p.57～61

1．次の質問に否定形で答えなさい。
　　1）我<u>不</u>是二年级的学生。　　　　　2）我家离地铁站<u>不</u>远。

3）我<u>不</u>打乒乓球。   7）我明天<u>没（有）</u>空。
4）我<u>还没（有）</u>吃饭。   8）我<u>不</u>想去看足球比赛。
5）昨天我<u>没（有）</u>给他打电话。   9）小张<u>没（有）</u>滑过雪。
6）我<u>不</u>会说韩语。   10）老李对动画片<u>不</u>感兴趣。

2.（　　）の語句を適切な箇所に使って，文を書き改め，日本語に訳しなさい。
　1）听说他<u>星期四</u>有课。　彼は木曜日に授業があるそうです。
　2）我明<u>天在超市</u>打工。　私は明日スーパーでアルバイトをします。
　3）大家<u>在</u>上汉语课。　みんな中国語の授業に出ています。
　4）我没有<u>给</u>她发短信。　私は彼女にメールを送っていません。
　5）我想买<u>两枝</u>铅笔。　私は鉛筆を2本買おうと思っています。

3．与えられた日本語の意味になるように①〜④の語句を並べ替えなさい。
　1）兄は月に2回テニスをします。　　我哥哥一个月打两次网球。
　2）私は毎日1時間テレビを見ます。　　我每天看一个小时电视。
　3）私は地下鉄で行きたいです。　　我想坐地铁去。
　4）姉は9月に中国に旅行する予定です。　我姐姐打算九月去中国旅游。
　5）もうすぐ10時になります。行きましょう。快要到十点钟了，我们走吧。

4．次の各文の空欄を埋めるのに最も適当なものを①〜④の中から1つ選びなさい。
　1）④我家（离）医院不太远。　　私の家は病院からあまり遠くない。
　2）①（离）下班还有半个小时。　　退勤するまであと30分ある。
　3）②她（对）中国文化很感兴趣。　　彼女は中国文化にとても興味がある。
　4）②抽烟（对）身体不好。　　タバコを吸うことは体によくない。
　5）③咱们下午四点（从）这里出发。　　私たちは午後4時にここから出発する。
　6）①（从）这儿到机场要十分钟。　　ここから空港まで10分かかる。
　7）③我姐姐在（和）朋友聊天儿呢。　　姉は友人と雑談をしているところだ。
　8）④他经常（给）我发伊妹儿。　　彼はいつも私にメールを送ってくれる。

5．1）　略
　2）次の語句にピンインをつけましょう。

车站	公司	周末	听说	中文
chēzhàn	gōngsī	zhōumò	tīngshuō	Zhōngwén
咖啡	钟头	星期	经济	帮助
kāfēi	zhōngtóu	xīngqī	jīngjì	bāngzhù
旅游	回家	红茶	小时	词典
lǚyóu	huíjiā	hóngchá	xiǎoshí	cídiǎn
准备	烤鸭	进步	教室	暑假
zhǔnbèi	kǎoyā	jìnbù	jiàoshì	shǔjià
唱歌	左右	面条	看书	地铁
chàng gē	zuǒyòu	miàntiáo	kàn shū	dìtiě
最近	爱好	老师	杂志	喜欢
zuìjìn	àihào	lǎoshī	zázhì	xǐhuan

6．次の文を中国語に訳しなさい。
　1）コーヒーはとてもおいしいです。　　咖啡很好喝。
　2）私は昨日忙しかったです。　　我昨天很忙。

3）姉はいま上海にいます。　　　　　　　　我姐姐现在在上海。
4）彼は野球をするのが好きです。　　　　　他喜欢打棒球。
5）あなたたちは明日何時に出発しますか。　你们明天几点出发？
6）私は昨日映画を見に行きませんでした。　我昨天没有去看电影。
7）私は毎日自転車で通学しています。　　　我每天骑自行车上学。
8）あなたは車の運転ができますか。　　　　你会开车吗？/ 你会不会开车？
9）私は友人と一緒に北京へ旅行に行きたい。　我想和朋友一起去北京旅游。
10）家から大学まで1時間半かかります。　　从我家到大学要一个半小时。
11）彼女は一度北京に行ったことがあるそうです。　听说她去过一次北京。
12）もうすぐ12時になります。　　　　　　　快要（快 / 要 / 就要）到12点了。

復習3　総合練習 p.104〜111

1．次の質問に否定形で答えなさい。
　1）黄金周我<u>不能</u>去旅行。　　　　　　　6）这本小说我<u>还没有</u>看完。
　2）去美术馆<u>不用</u>换车。　　　　　　　　7）我们<u>听不懂</u>广东话。
　3）我<u>不想</u>吃面包。　　　　　　　　　　8）他儿子英语说得<u>不流利</u>。
　4）<u>不可以</u>休息。　　　　　　　　　　　9）我<u>不是</u>在高中学的汉语。
　5）今天<u>不会</u>下雪（的）。　　　　　　　10）我母亲<u>不让</u>我去。

2．次の文を書き直して，日本語に訳しなさい。
（1）（　）の語句を使って，"(是)〜的"の構文に書き直しなさい。
　1）我哥哥是<u>去年大学毕业</u>的。　　兄は去年大学を卒業したのです。
　2）他是<u>上星期去天津出差</u>的。　　彼は先週天津に出張したのです。
　3）我是<u>在东京吃的北京烤鸭</u>。　　私は東京で北京ダックを食べたのです。
　4）我是<u>和同学一起看的比赛</u>。　　私は同級生と一緒に試合を見たのです。
　5）她父母是<u>坐船去韩国旅行</u>的。　彼女の両親は船で韓国へ旅行したのです。

（2）"把"構文に書き直しなさい。
　6）请<u>把</u>这篇课文念一下！　　　　この課文を朗読してください。
　7）我想<u>把</u>房间打扫一下。　　　　部屋をちょっと掃除したい。
　8）我还没<u>把</u>电话号码告诉她。　　私はまだ電話番号を彼女に教えていません。
　9）我不愿意<u>把</u>课本借给他。　　　テキストを彼に貸したくない。
　10）请<u>把</u>那套邮票给我。　　　　　あのセットの切手をください。

3．与えられた日本語の意味になるように①〜④の語句を並べ替え，（　）に当てはまるものを番号で答えなさい。
　1）彼は今日スーパーでアルバイトをします。　① 他今天在（超市）打工。
　2）私は昨日雑誌を2冊買いました。　　　　　④ 我昨天买了（两本）杂志。
　3）私は月に2回映画を見ます。　　　　　　　② 我一个月看（两次）电影。
　4）彼はここであなたを30分待ちました。　　① 他在这儿等了（你）半个钟头。
　5）彼は先月故郷に帰りました。　　　　　　　④ 他是上个月回（老家）去的。
　6）ちょっと考えさせてください。　　　　　　③ 请让（我）考虑一下。
　7）兄は私より2歳年上です。　　　　　　　　② 我哥哥比我（大）两岁。
　8）玄関に自転車が1台置いてある。　　　　　③ 门口（放着）一辆自行车。
　9）彼女は料理を作るのが得意だそうです。　　③ 听说她菜（做）得很好。
　10）参考書をすでに図書館に返した。　　　　　② 我已经（把参考书）还给图书馆了。

4．次の各文の空欄を埋めるのに最も適当なものを①～④の中から1つ選びなさい。
1）②请问，这附近（有没有）车站？　　お尋ねしますが，この近くには駅がありますか。
2）④她在（什么）地方工作？　　彼女はどこで働いていますか。
3）③这个电影我（还）想看一遍。　　この映画はもう一度見たい。
4）①（离）放假还有两个星期。　　休みになるまでまだ2週間ある。
5）②你昨晚看排球比赛（了）没有？　　昨夜バレーボールの試合を見ましたか。
6）④快要过春节（了）。　　もうすぐ春節になる。
7）④我准备下（了）课就去打工。　　授業が終わったら，すぐアルバイトに行く予定だ。
8）①你踢足球踢了十年（了），是吗？　　サッカーを10年しているのですね？
9）②我喜欢旅游。你（呢）？　　私の趣味は旅行です。あなたは？
10）③大家正在唱中文歌（呢）。　　みんなちょうど中国語の歌を歌っているところだ。
11）③他是什么时候回国（的）？　　彼はいつ帰国したのですか。
12）①她一定会来参加（的）。　　彼女はきっと参加しに来るだろう。
13）②我刚才喝酒了，（不能）开车。　　私は先ほど酒を飲んだので，車の運転ができない。
14）③这儿（没有）北海道那么冷。　　ここは北海道ほど寒くない。
15）④我觉得这个菜（有点儿）辣。　　この料理はすこし辛いと感じる。
16）②这件事情他（一点儿）都不知道。　　この事を彼は少しも知らない。
17）①你歌唱（得）真好听！　　あなたの歌は本当に素晴らしい！
18）④我的自行车（被）借走了。　　私の自転車は借りられていった。
19）③路上堵车，（所以）我晚到了。　　道中渋滞していたので，遅れた。
20）④他（不但）会英语，而且也会韩语。　彼は英語ばかりでなく，韓国語もできる。

5．次の文章を読んで，問1～問6の答えとして，最も適当なものを，それぞれについて示してある①～④の中から1つ選びなさい。

　　張さんは北京から来た留学生です。私たちは去年の春に知り合ったのです。張さんは特に日本文学に興味があり，日本語を話すのがとても上手です。私は中国語を習っていて，少し中国語が話せます。私たちはいつも学校の食堂で昼ご飯を食べながら，世間話をしています。張さんは北京の名勝旧跡を紹介してくれて，私は張さんに日本の風俗習慣を紹介しています。張さんはまた私に，漫画を読むのが好きなほかに歌も好きで，小さい時から歌手になるのを夢見ていると言いました。ちょうど私も歌が好きなので，私たちは時々一緒にカラオケに行きます。
　　先月，私は友達と一緒に上海に行ってきました。楽しく遊びました。友達は機会があったら，また上海に行きたいと言っています。私はまだ北京に行ったことがありません。もうすぐ春休みになります。春休みになったらすぐに北京旅行に行こうと思っています。

　　問1①　問2②　問3④　問4③　問5②　問6④

6．次の日本語を中国語に訳しなさい。
1）図書館はここからあまり遠くありません。　　图书馆离这儿不太远。
2）この辞書はいくらですか。　　这本词典多少钱？
3）ちょっとお尋ねしますが，トイレはどこにありますか。　请问，厕所在哪里？
4）今日は昨日ほど忙しくありません。　　今天没有昨天（那么）忙。
5）私は友達にプレゼントを贈ります。　　我给朋友礼物。
6）私は昨日雑誌を2冊買いました。　　我昨天买了两本杂志。
7）私は自転車で行きたくありません。　　我不想骑自行车去。
8）バスで行きますか，それとも歩いて行きますか。　你是坐车去，还是走着去？
9）私は中国語が少し話せます。　　我会说一点儿汉语。

10）姉は中国語の歌を歌うのが上手です。　　　我姐姐（唱）中文歌唱得很好。
11）この料理は少しも辛くありません。　　　　这个菜一点儿也（／都）不辣。
12）ここはタバコを吸ってはいけません。　　　这儿不可以抽烟。

7．(1) 次の1）〜5）の初めに掲げた語句と声調の組み合わせが同じものをそれぞれについて示してある①〜④の中から1つ選びなさい。

1）便宜　　① 认识　　② 休息　　③ 味道　　④ 觉得
　　piányi　　rènshi　　xiūxi　　wèidao　　juéde

2）教室　　① 音乐　　② 爱好　　③ 出发　　④ 饺子
　　jiàoshì　　yīnyuè　　àihào　　chūfā　　jiǎozi

3）学习　　① 足球　　② 茶叶　　③ 颜色　　④ 散步
　　xuéxí　　zúqiú　　cháyè　　yánsè　　sànbù

4）车站　　① 工作　　② 所以　　③ 唱歌　　④ 动物
　　chēzhàn　　gōngzuò　　suǒyǐ　　chàng gē　　dòngwù

5）准备　　① 旅游　　② 流利　　③ 比赛　　④ 热闹
　　zhǔnbèi　　lǚyóu　　liúlì　　bǐsài　　rènao

(2) 次の6）〜10）に掲げた語句の正しいピンイン表記をそれぞれについて示してある①〜④の中から1つ選びなさい。

6）地铁　③ dìtiě　　7）杂志　① zázhì　　8）喜欢　③ xǐhuan

9）告诉　④ gàosu　　10）兴趣　② xìngqù

付録2：第5课～第14课［本文の日本語訳］

第5课　私は大学生です。
　みなさん，こんにちは。
　私の苗字は木村で，木村学と申します。私は大学1年生で，今年18歳です。私の専攻は経営学です。私は英語を学び，中国語も学びます。李香さんは私の中国人の友達で，マイクは私のアメリカ人の友達です。彼らは共に私たちの大学の留学生です。彼らと知り合ってとても嬉しいです。私たちは互いに学びあい，互いに助け合い，共に進歩します。

第6课　今日中国語の授業があります。
　私の家は大阪にあります。私の家は5人家族で，父，母，2人の妹と私です。父はある貿易会社で働いています。母は小学校の教師です。2人の妹は共に高校生です。私は大学に行っています。私は月曜日の午前中と水曜日の午後に中国語の授業があります。中国語の発音はすこし難しいです。しかし，私は中国語の勉強が好きです。今日は水曜日です。私は中国語の授業が1コマあります。

第7课　私は自転車で行くつもりです。
　私は趣味がたくさんあります。歌を歌う，映画を見る，野球をする，サッカーをする，私はすべて好きです。私は中国語の歌が歌えます。昨夜私はコンビニにアルバイトに行かないで，李香さんと一緒にカラオケに行きました。今日授業が終わった後，私は中国映画を見に行く予定です。私は中国映画にとても興味を持っています。映画館は大学から遠くありません。私は自転車で行くつもりで，4時45分に出発します。大学から映画館まで10分くらいかかります。

第8课　私は上海に旅行に行こうと思います。
　高校の時に私は1回北京に行ったことがあり，そこで3日遊びました。故宮，頤和園，万里の長城，王府井大通り，私はすべて行ったことがあります。もうすぐ夏休みになります。今年の夏休みには上海へ旅行に行こうと思います。上海は中国の経済中心で，日本から近いです。大阪から上海まで飛行機で2時間しかかかりません。上海外灘の夜景はとても美しいと聞いています。私は船に乗って黄浦江を観光するつもりです。李さんは上海出身ですので，観光案内をしてくれると言っています。

第9课　私は上海にやって来ました。
　今日，私は関西国際空港から飛行機で上海に来ました。私は夜6時半にホテルに到着しました。私が泊まっているホテルは上海市の中心地にあります。部屋は広くないけれども，とても快適です。部屋から東方明珠タワーを見ることができます。また部屋でインターネットにアクセスすることもできます。先ほど李香さんに電話をかけて，明日一緒に豫園へ遊びに行く約束をしました。しばらくして，私はロビーへ両替に行ってから，夕飯を食べに出かけようと思います。

第10课　私は外灘（バンド）へ歩いて行きます。
　上海は観光スポットがとても多く，交通も便利です。観光はバスや地下鉄などを利用することができますし，タクシーを利用することもできます。今晩，散歩に出かけようと思っています。ですから，ホテルの従業員に外灘（バンド）へはどのように行ったらいいかと尋ねました。彼女は，外灘（バンド）はホテルからそれほど遠くないので，歩いて行ったら，10分もかからないと教えてくれました。彼女はさらに地図をくれました。私はホテルの従業員の話す言葉が分かって，とても嬉しかったです。黄浦江両岸の夜景は見に行く価値があります。

第11课　私たちは食べながら雑談します。
　豫園は中国の古典園林（庭園）で，景色が非常にきれいです。私たちは豫園を出てから，しばらく豫園商場で見物しました。豫園商場はとても賑やかで，さすが軽食の王国です。軽食は種類も豊富で，味もよいです。食べる時に，李さんは私に中国語でいろいろな点心を注文させてくれました。私は小籠包，粽，春巻と餃子を注文しました。私たちは食べながら，雑談をしました。私は中国語を話すのがまだそんなに流暢ではないが，

中国語を話すのが好きです。私たちは食事をしてから，新天地へ行く予定です。

第 12 课　私はお茶を数箱買いました。

　夕べ，私は雑技団の公演を見た後，ホテルに帰ろうとしたところ，突然雨が降り出しました。私は傘を持っていなかったので，雨にぬれてしまいました。しかし，雨が降った後，ずいぶん涼しくなりました。今日，プレゼントを買うために，私は李さんと南京路に行きました。私は南京路で両親に白酒を 1 本とお茶を数箱買いました。白酒はとても高かったですが，お茶は白酒ほど高くなく，1 箱たった 18 元でした。李さんはチャイナドレスを買いました。チャイナドレスは色もよかったし，値段も日本のより安かったです。私はまた何セットかの切り絵を買いたいと思っています。

第 13 课　木の下にパンダが 1 頭座っています。

　パンダは世界でもっとも珍しい動物の一つです。パンダはとても可愛らしいので，老若男女はみんなパンダが好きです。私は上海動物園でパンダの写真をたくさん撮りました。ほら，ご覧ください。木の下に 1 頭のパンダが座っていて，笹を食べているところですよ。私は E メールでこれらの写真をマイクくんに送りました。マイクくんは写真を受け取ると，すぐにメールの返信をしてくれました。彼は来週四川省へ旅行に行き，まず九寨溝へ遊びに行って，それから臥龍へパンダを見に行くと言いました。

第 14 课　私は中国語を習って 1 年になります。

　私はもう中国語を 1 年間習っています。中国語は難しいけれども，私は学べば学ぶほど面白く感じます。上海旅行の時，上海の人が上海語で話したら，私は少しも分かりませんでした。でも，私と話す時には，みんな中国語の共通語を使っていたので，私は聞いて少し理解できました。今回の旅行は得たものが本当に多かったです。たくさんの観光スポットを見物し，さまざまな美食を堪能したばかりでなく，また多くの中国人に接し，中国語の会話能力も高めました。今後私は更に努力して中国語を学ばなければなりません。機会があれば，私はまた上海へ遊びに行くでしょう。

付録3：語彙表

| 名 名詞　時間詞　方位詞　動 動詞　形 形容詞　数 数詞　量 量詞　数量 数量詞　代 人称代詞　指示代詞　疑問詞 |
| 副 副詞　前 前置詞　接 接続詞　助 助詞　助動 助動詞　嘆 感嘆詞　接頭 接頭辞 |

＊品詞名の表記がないものは定型文型，慣用句，組み合わせ連語，熟語。
＊「拼音」（ピンイン）中に // を入れて示す動詞は離合詞である。

A

啊	a	助 感嘆などの語気を表す
AA制	AA zhì	割り勘
爱	ài	動 愛する，好む
爱好	àihào	動 趣味とする
		名 趣味
按	àn	動 押す
按快门	àn kuàimén	シャッターを押す
澳元	àoyuán	名 オーストラリアドル

B

八	bā	数 8
把	bǎ	前 ～を ➡ p.92
		量 ～本，～個（傘など柄や握りのある物を数える）
爸	bà	名 お父さん
爸爸	bàba	名 お父さん，父親
吧	ba	助 ～だろう（推測などの語気を表す）➡ p.68, 102
		助 ～しましょう（勧誘，提案などの語気を表す）➡ p.68, 102
		助 命令の語気をやわらげる。➡ p.68, 102
白酒	báijiǔ	名 パイチュウ（中国の蒸留酒の総称）
白兰地	báilándì	名 ブランデー
百	bǎi	数 百
班	bān	名 クラス，班
半	bàn	数 半，2分の1
帮	bāng	動 手伝う，助ける
帮助	bāngzhù	動 助ける
棒球	bàngqiú	名 野球
保龄球	bǎolíngqiú	名 ボウリング
报	bào	名 新聞
抱歉	bàoqiàn	形 申し訳ない
杯	bēi	量 ～杯（コップなどの容器に入っている物を数える）
北边儿	běibianr	名 北，北側
北海道	Běihǎidào	名 北海道（日本の地名）
北京	Běijīng	名 ペキン，北京（中華人民共和国の首都）
北京烤鸭	Běijīng kǎoyā	ペキンダック
北面	běimiàn	名 北，北側
被	bèi	前（受身文で行為者を導く）～によって～される ➡ p.84
本	běn	量 ～冊（書籍の冊数を数える）
比	bǐ	前 ～より ➡ p.55, 86
比萨饼	bǐsàbǐng	名 ピザ
比赛	bǐsài	動 試合をする
		名 試合
毕业	bì//yè	動 卒業する
便利店	biànlìdiàn	名 コンビニ
遍	biàn	量 ～回（動作の回数を数える）
表演	biǎoyǎn	動 演ずる，演技
表扬	biǎoyáng	動 褒める
别	bié	副 ～しないでください，～してはいけない ➡ p.68
冰咖啡	bīngkāfēi	名 アイスコーヒー
不	bù	副 いいえ／～ではない，～しない ➡ p.54
不错	búcuò	形 よい，悪くない
不大～	bú dà	あまり～でない ➡ p.81
不但	búdàn	接 ～だけでなく
不过	búguò	接 しかし
不好意思	bù hǎoyìsi	恐れ入ります，恥ずかしい
不会吧	bú huì ba	そんなはずはないでしょう
不见不散	bú jiàn bú sàn	会うまで待ちましょう
不客气	bú kèqi	どういたしまして
不可以	bù kěyǐ	してはいけない
不愧	búkuì	副 ～に恥じない
不少	bù shǎo	たくさん，多くの
不是	bú shì	違います
不太～	bú tài	あまり～でない ➡ p.81
不谢	bú xiè	どういたしまして
不行	bùxíng	動 だめです
不要～	búyào	副 ～しないでください，～して

		はいけない ➡ p.68	
不用~	búyòng	副 ~する必要はない	
不怎么~	bù zěnme	それほど~でない ➡ p.75	

C

才	cái	副 わずか，やっと
菜	cài	名 料理，おかず
参观	cānguān	動 見物する，見学する
参加	cānjiā	動 参加する
参考书	cānkǎoshū	名 参考書
餐厅	cāntīng	名 レストラン
厕所	cèsuǒ	名 トイレ
茶	chá	名 お茶
茶叶	cháyè	名 茶の葉
查	chá	動 調べる
查词典	chá cídiǎn	辞書を引く
差	chà	動 不足する，隔たりがある
长城	Chángchéng	名 万里の長城（中国の名所）
尝	cháng	動 味わう
常常	chángcháng	副 いつも，よく
唱	chàng	動 歌う
唱歌	chàng gē	歌を歌う
超市	chāoshì	名 スーパーマーケット
炒面	chǎomiàn	名 焼そば
车	chē	名 車
车站	chēzhàn	名 駅，バス停
吃	chī	動 食べる
吃饭	chī//fàn	動 食事をする
吃药	chī yào	薬を飲む
吃完	chīwán	動 食べ終わる
迟到	chídào	動 遅刻する
冲绳	Chōngshéng	名 沖縄（日本の地名）
抽烟	chōu yān	タバコを吸う
出	chū	動 出る
出差	chū//chāi	動 出張する
出发	chūfā	動 出発する
出来	chūlai	動 出てくる
出门	chū//mén	動 出かける
出去	chūqu	動 出ていく
出院	chū//yuàn	動 退院する
出租车	chūzūchē	名 タクシー
初次见面	chūcì jiàn//miàn	初めまして，初対面
除了	chúle	前 ~ほかに，~を除いて
除了~以外	chúle~yǐwài	~ほかに，~を除いて
穿	chuān	動 着る，履く
船	chuán	名 船
床	chuáng	名 ベッド
春假	chūnjià	名 春休み
春节	Chūnjié	名 春節，旧正月
春卷	chūnjuǎn	名 春まき
春天	chūntiān	名 春
词典	cídiǎn	名 辞書
次	cì	量 ~回（動作の回数を数える）
从	cóng	前 ~から ➡ p.46, 55
从小	cóngxiǎo	副 小さい時から
~错	cuò	形 （結果補語として）~し間違える

D

打	dǎ	動 打つ，（球技を）する
打的	dǎ//dī	動 タクシーに乗る
打电话	dǎ diànhuà	電話を掛ける
打工	dǎ//gōng	動 アルバイトをする
打球	dǎ qiú	球技をする
打扫	dǎsǎo	動 掃除する
打算	dǎsuan	動 ~するつもりだ
		名 考え，計画
大	dà	形 大きい，年上である
大阪	Dàbǎn	名 大阪（日本の地名）
大概	dàgài	副 たぶん，おそらく
大家	dàjiā	名 みんな，皆さん
大街	dàjiē	名 大通り
大堂	dàtáng	名 ロビー，ホール
大学	dàxué	名 大学
大学生	dàxuéshēng	名 大学生
带	dài	動 持つ
带来	dàilai	動 持ってくる
带去	dàiqu	動 持っていく
但	dàn	接 しかし
但是	dànshì	接 しかし
蛋糕	dàngāo	名 ケーキ，カステラ
当	dāng	動 ~になる，担当する
当导游	dāng dǎoyóu	ガイドになる
当翻译	dāng fānyì	通訳をする
导游	dǎoyóu	動 観光案内をする
		名 ガイド
导游图	dǎoyóutú	名 観光案内図
到	dào	前 ~まで ➡ p.46, 55
		動 着く，行く，達する
德国	Déguó	名 ドイツ

中文	ピンイン	品詞・意味
地	de	助 連用修飾語を作る ➡ p.99
的	de	助 連体修飾語を作る ➡ p.34
		強調や肯定の語気を表す ➡ p.102
的话	dehuà	助 もし～ならば ➡ p.73
得	de	助 様態補語を導く ➡ p.80
		可能補語を作る ➡ p.98
～得很	de hěn	すごく～
得	děi	助動 ～しなければならない ➡ p.101
等	děng	動 待つ
迪吧	díbā	名 ディスコバー
迪斯尼乐园	Dísīní Lèyuán	名 ディズニーランド
地方	dìfang	名 処, 場所
地铁	dìtiě	名 地下鉄
地铁站	dìtiězhàn	名 地下鉄の駅
地图	dìtú	名 地図
弟	dì	名 弟
弟弟	dìdi	名 弟, 弟さん
第	dì	接頭 第～（順番を表す）
点	diǎn	量 ～時（時刻の単位）
		動 注文する, 数える
点菜	diǎn cài	料理を注文する
点儿	diǎnr	量 ＝一点儿 少し
点心	diǎnxin	名 軽食, 菓子
点钟	diǎn zhōng	～時（時刻の単位）
电车	diànchē	名 電車
电话	diànhuà	名 電話
电脑	diànnǎo	名 コンピュータ, パソコン
电视	diànshì	名 テレビ
电视剧	diànshìjù	名 テレビドラマ
电梯	diàntī	名 エレベーター
电影	diànyǐng	名 映画
电影儿	diànyǐngr	名 映画
电影院	diànyǐngyuàn	名 映画館
东边儿	dōngbianr	名 東, 東側
东方明珠塔	Dōngfāng Míngzhūtǎ	上海東方明珠テレビタワー
东京	Dōngjīng	名 東京（日本国の首都）
东面	dōngmiàn	名 東, 東側
东西	dōngxi	名 物, 品物
冬天	dōngtiān	名 冬
懂	dǒng	動 分かる
动画片	dònghuàpiàn	名 動画
动物	dòngwù	名 動物
动物园	dòngwùyuán	名 動物園
都	dōu	副 みな, みんな, すべて
堵车	dǔchē	動 渋滞する
短信	duǎnxìn	名 メール
锻炼	duànliàn	動 鍛える
对	duì	形 そうだ, はい, 正しい
		前 ～に対して ➡ p.47, 55
对不起	duìbuqǐ	動 すみません
顿	dùn	量 ～回, ～食（叱責・食事の回数を数える）
多	duō	形 多い
		代 どれくらいの～
多长时间	duō cháng shíjiān	どれくらいの時間
多大	duō dà	何歳, どれくらいの大きさ
～多了	duō le	（比較して）ずっと
多少	duōshao	代 どれくらい（数量を尋ねる）
多少钱	duōshao qián	いくら（値段を尋ねる）
多远	duō yuǎn	どれくらいの距離

E

鹅	é	名 ガチョウ
饿	è	形 飢える
而且	érqiě	接 その上, しかも
儿子	érzi	名 息子
二	èr	数 2
二月	èryuè	名 2月

F

发	fā	動 （メールなどを）出す
发短信	fā duǎnxìn	メールを送る
发给～	fāgěi	～に（メールなどを）出す
发票	fāpiào	名 領収書
发烧	fā//shāo	動 熱がある
发伊妹儿	fā yīmèir	Eメールを送る
发音	fā//yīn	動 発音する
	fāyīn	名 発音
法国	Fǎguó	名 フランス
法国人	Fǎguórén	名 フランス人
法语	Fǎyǔ	名 フランス語
翻译	fānyì	動 訳す
		名 通訳, 翻訳者
饭	fàn	名 ご飯, 食事
饭店	fàndiàn	名 ホテル, 料理屋
方便	fāngbiàn	形 便利である
房间	fángjiān	名 部屋

放	fàng	動	置く，（休みに）なる
放假	fàng//jià	動	休みになる
放暑假	fàng shǔjià		夏休みになる
飞	fēi	動	飛ぶ
飞机	fēijī	名	飛行機
非常	fēicháng	副	非常に
分	fēn	量	分（時刻・中国貨幣の単位）
分钟	fēn zhōng	量	分間（時間を数える）
芬达	Fēndá	名	ファンタ
风	fēng	名	風
风俗	fēngsú	名	風習
服务员	fúwùyuán	名	（ホテルやレストランの）従業員
父母	fùmǔ	名	両親
父亲	fùqin	名	父親
附近	fùjìn	名	付近
复习	fùxí	動	復習する

G

咖喱饭	gālífàn	名	カレーライス
感到	gǎndào	動	感じる，思う
感冒	gǎnmào	動	風邪を引く
		名	風邪
感兴趣	gǎn xìngqù		興味がある，興味を持つ
干	gàn	動	する，やる
刚	gāng	副	～したばかりだ
刚才	gāngcái	名	先ほど
港币	gǎngbì	名	香港ドル
高	gāo	形	高い
高兴	gāoxìng	形	嬉しい，喜ぶ
高中	gāozhōng	名	高校
高中生	gāozhōngshēng	名	高校生
告诉	gàosu	動	告げる
哥哥	gēge	名	兄，兄さん
歌(儿)	gē(r)	名	歌
歌手	gēshǒu	名	歌手
各	gè	代	各，それぞれ
各种	gè zhǒng		各種類
个	ge	量	個（物を数える）
给	gěi	動	与える，くれる，あげる／～させる
		前	～に ➡ p.53, 55
给我看看	gěi wǒ kànkan		私に見せてください
跟	gēn	前	～と ➡ p.55
更	gèng	副	さらに
更加	gèngjiā	副	さらに，いっそう
工作	gōngzuò	動	働く
		名	仕事
公交车	gōngjiāochē	名	バス
公司	gōngsī	名	会社
公园	gōngyuán	名	公園
共同	gòngtóng	副	共に，一緒に
狗	gǒu	名	犬
古典	gǔdiǎn	形	古典的な
故宫	Gùgōng	名	故宮博物院（北京の名所）
刮风	guā fēng		風が吹く
挂	guà	動	掛ける
拐	guǎi	動	曲がる
关西	Guānxī	名	関西
关西国际机场	Guānxī Guójì Jīchǎng		関西国際空港
关照	guānzhào	動	面倒を見る
观光	guānguāng	動	観光する
光临	guānglín	動	ご光臨，ご来訪
广东话	Guǎngdōnghuà	名	広東語
广州	Guǎngzhōu	名	広州（中国の地名）
逛	guàng	動	ぶらつく，見物する
贵	guì	形	値段が高い
锅贴	guōtiē	名	焼き餃子
国家	guójiā	名	国家
过	guò	動	通る，過ぎる，過ごす
过来	guòlai	動	やって来る
过去	guòqu	動	通り過ぎていく
～过	guo	助	～したことがある ➡ p.50

H

还	hái	副	その上，まだ
还可以	hái kěyǐ		まあまあです
还没～	hái méi		まだ～していない
还没呢	hái méi ne		まだです
还是	háishi	副	やはり
		接	それとも ➡ p.35
韩国	Hánguó	名	韓国
韩语	Hányǔ	名	韓国語
寒假	hánjià	名	冬休み
汉堡包	hànbǎobāo	名	ハンバーガー
汉语	Hànyǔ	名	中国語
汉字	hànzì	名	漢字
好	hǎo	形	よい／はい（同意・承諾を表す）／治る
好吃	hǎochī	形	美味しい

好多	hǎoduō	数	たくさん（の）
好喝	hǎohē	形	（飲んで）美味しい
好久	hǎojiǔ	形	長い間
好久不见了	hǎojiǔ bú jiàn le		お久しぶりです
好看	hǎokàn	形	きれいである
好听	hǎotīng	形	聞いて気持がよい，素晴しい
好像	hǎoxiàng	副	～のようだ，～みたいだ
号	hào	量	～日（日にちを示す）／～号（番号を示す）
号码	hàomǎ	名	番号
喝	hē	動	飲む
喝完	hēwán	動	飲み終わる
和	hé	接	と（並列を表す）➡ p.36
		前	～と（相手を表す）➡ p.47, 55
和平饭店	Hépíng Fàndiàn	名	和平飯店（上海のホテルの名）
盒	hé	量	～箱（箱入りのものを数える）
盒饭	héfàn	名	弁当
很	hěn	副	とても
很多	hěn duō		多く，たくさん
红茶	hóngchá	名	紅茶
红叶	hóngyè	名	紅葉
猴	hóu	名	サル
～后	hòu	名	～のち，～後
后边儿	hòubianr	名	後，後方
后面	hòumiàn	名	後，後方
后天	hòutiān	名	明後日
后头	hòutou	名	後，後方
虎	hǔ	名	虎
护士	hùshi	名	看護師
互相	hùxiāng	副	お互いに
花	huā	名	花
		動	費やす
花茶	huāchá	名	ジャスミン茶
滑雪	huá//xuě	動	スキーをする
画	huà	動	描く
画儿	huàr	名	絵
话	huà	名	話，言葉
欢迎	huānyíng	動	歓迎する，ようこそ
还	huán	動	返す
还给～	huángěi		～に返す
换	huàn	動	換える
换车	huàn//chē	動	乗り換える
换钱	huàn//qián	動	両替をする
黄	huáng	形	黄色い
黄金周	huángjīnzhōu	名	ゴールデンウィーク
黄浦江	Huángpǔjiāng	名	黄浦江（上海を流れる長江の支流）
回	huí	動	戻る／返事をする
		量	～回（動作の回数を数える）
回不来	huíbulái	動	帰ってくることができない
回得来	huídelái	動	帰ってくることができる
回国	huí//guó	動	帰国する
回家	huí//jiā	動	家に帰る
回来	huílai	動	帰ってくる，戻ってくる
回去	huíqu	動	帰っていく，戻っていく
会	huì	名	会議
		動	できる
		助動	～することができる ➡ p.44
			～するだろう ➡ p.97
会话	huìhuà	動	会話をする
馄饨	húntun	名	ワンタン
火车	huǒchē	名	汽車

J

机场	jīchǎng	名	空港
机会	jīhui	名	機会
机票	jīpiào	名	航空券
鸡	jī	名	鶏
鸡尾酒	jīwěijiǔ	名	カクテル
～极了	jí le		とても，極めて
几	jǐ	代	いくつ（数量を尋ねる）
几点	jǐ diǎn		何時
几分	jǐ fēn		何分
几分钟	jǐ fēn zhōng		何分間
几个	jǐ ge		何個
几个小时	jǐ ge xiǎoshí		何時間
几个星期	jǐ ge xīngqī		何週間
几个月	jǐ ge yuè		何ヶ月
几个钟头	jǐ ge zhōngtóu		何時間
几号	jǐ hào		何日
几盒	jǐ hé		何箱か，何箱
几天	jǐ tiān		何日間
几月	jǐ yuè		何月
计划	jìhuà	動	計画する
		名	計画
加拿大	Jiānádà	名	カナダ
加元	jiāyuán	名	カナダドル
家	jiā	名	家

		量	商店や企業などを数える
价钱	jiàqian	名	値段
剪纸	jiǎnzhǐ	名	切り絵（伝統工芸品，花鳥，人物，名所旧跡などの題材が多い）
见	jiàn	動	会う
见面	jiàn//miàn	動	会う
件	jiàn	量	～着，～件（衣服や用件を数える）
交通	jiāotōng	名	交通
教	jiāo	動	教える
角	jiǎo	量	角（中国貨幣の単位）
饺子	jiǎozi	名	ギョーザ
叫	jiào	動	～という，呼ぶ
		動	（使役文に用い）～に～させる ➡ p.78
		前	（受身文に用い）～に～される ➡ p.84
教室	jiàoshì	名	教室
接	jiē	動	迎える
接触	jiēchù	動	触れ合う，接触する
节	jié	量	～コマ（授業のコマ数を数える）
结婚	jié//hūn	動	結婚する
姐	jiě	名	姉
姐姐	jiějie	名	姉，姉さん
介绍	jièshào	動	紹介する
借	jiè	動	借りる，貸す
借给～	jiègěi		～に貸す
借来	jièlai	動	借りてくる
借走	jièzǒu	動	借りていく
今后	jīnhòu	名	これから，今後
今年	jīnnián	名	今年
今天	jīntiān	名	今日
今晚	jīnwǎn	名	今晩
进	jìn	動	入る
进步	jìnbù	動	進歩する
进来	jìnlai	動	入ってくる
进去	jìnqu	動	入っていく
近	jìn	形	近い
京都	Jīngdū	名	京都（日本の地名）
经常	jīngcháng	副	いつも
经济	jīngjì	名	経済
经营学	jīngyíngxué	名	経営学
景点	jǐngdiǎn	名	観光スポット
景观	jǐngguān	名	景観
九	jiǔ	数	9
九寨沟	Jiǔzhàigōu	名	九寨溝（中国四川省の西部にある世界自然遺産）
久	jiǔ	形	（時間が）長い，久しい
酒	jiǔ	名	酒
酒店	jiǔdiàn	名	ホテル
就	jiù	副	すぐに，～ならば，すでに
就要～了	jiù yào~le		もうすぐ～する ➡ p.51, 100
卷	juǎn	動	巻く
觉得	juéde	動	思う，感じる

K

咖啡	kāfēi	名	コーヒー
卡拉OK	kǎlā OK		カラオケ
开	kāi	動	（車を）運転する，開く
开车	kāi//chē	動	車を運転する
开始	kāishǐ	動	始まる，始める
开心	kāixīn	形	楽しい
看	kàn	動	読む，見る
看病	kàn//bìng	動	診察をうける，診察する
看不懂	kànbudǒng	動	読めない，読んで理解できない
看错	kàncuò	動	見間違える
看到	kàndào	動	見かける，見える
看得懂	kàndedǒng	動	読める，読んで理解できる
看懂	kàndǒng	動	読んで分かる
看见	kànjiàn	動	見かける，目にする
看完	kànwán	動	読み終える
看样子	kàn yàngzi		見たところ～のようだ
考虑	kǎolù	動	考える
考试	kǎo//shì	動	試験をする，試験を受ける
烤鸭	kǎoyā	名	アヒルの丸焼き，北京ダック
咳嗽	késou	動	咳をする
可爱	kě'ài	形	かわいい
可乐	kělè	名	コーラ
可～了	kě~le		実に，たいへん ➡ p.81
可以	kěyǐ	助動	～してもよい，～できる ➡ p.65, 101
刻	kè	量	15分（1時間の4分の1）
客气	kèqi	動	遠慮する
课	kè	名	授業，～課
课本	kèběn	名	テキスト
课文	kèwén	名	テキストの本文
空(儿)	kòng(r)	名	ひま，空いた時間
口	kǒu	量	～人（家族の人数を数える）

裤子	kùzi	名 ズボン		里	lǐ, li	名 〜の中
块	kuài	量 元（中国貨幣の単位，"元"の口語体）		里边儿	lǐbianr	名 中，内
快	kuài	形（速度が）速い		里面	lǐmiàn	名 中，内
		副 まもなく（文末に"了"を伴う）		里头	lǐtou	名 中，内
快〜了	kuài~le	もうすぐ〜する ➡ p.51, 100		历史	lìshǐ	名 歴史
快餐	kuàicān	名 ファーストフード		利用	lìyòng	動 利用する
快餐店	kuàicāndiàn	名 ファーストフード店		联系	liánxì	動 連絡する
快要	kuàiyào	副 まもなく（文末に"了"を伴う）		练习	liànxí	動 練習する
						名 練習
快要〜了	kuàiyào~le	もうすぐ〜する ➡ p.51, 100		凉快	liángkuai	形 涼しい
筷子	kuàizi	名 箸		两	liǎng	数 2（量詞の前に用いる）
矿泉水	kuàngquánshuǐ	名 ミネラルウォーター		两岸	liǎng'àn	名 両岸
				两点	liǎng diǎn	2時
L				两分钟	liǎng fēn zhōng	2分間
辣	là	形 辛い		两天	liǎng tiān	2日間
来	lái	動 来る／動詞の前に置き，積極的にある行為をすることを表す／（方向補語として）〜してくる ➡ p.66		辆	liàng	量 〜台（自転車，車を数える）
				聊	liáo	動 雑談をする
				聊天儿	liáo//tiānr	動 雑談をする
				淋	lín	動 ぬれる
来不了	láibuliǎo	動 来ることができない		淋湿	línshī	動 ぬれる
来到	láidào	動 到着する		铃木	Língmù	名 鈴木（姓）
来得了	láideliǎo	動 来ることができる		零	líng	数 ゼロ
劳驾	láojià	動（頼み事をする時に）すみません，おそれいります		留学	liú//xué	動 留学する
				留学生	liúxuéshēng	名 留学生
老	lǎo	接頭 〜さん（目上の人の姓の前につけ，親しみを表す）		流利	liúlì	形 流暢である
				六	liù	数 6
老家	lǎojiā	名 故郷，実家		龙	lóng	名 竜
老酒	lǎojiǔ	名 ラオチュウ，紹興酒		路	lù	名 道路，〜番線
老李	Lǎo Lǐ	李さん		路口	lùkǒu	名 交差点
老师	lǎoshī	名 先生，教師		路上	lùshang	名 道中
姥姥	lǎolao	名 おばあさん，（母方の）祖母		旅行	lǚxíng	動 旅行する
姥爷	lǎoye	名 おじいさん，（母方の）祖父		旅行支票	lǚxíng zhīpiào	トラベラーズチェック
了	le	助 文末に用い，新しい状況の発生・状態の変化などの語気を表す ➡ p.44, 103		旅游	lǚyóu	動 旅行する
				M		
		助 動詞の後に用い，動作の完了を表す ➡ p.68, 100, 103		妈	mā	名 お母さん
				妈妈	māma	名 お母さん，母親
累	lèi	形 疲れる		麻	má	名 麻
冷	lěng	形 寒い		麻烦	máfan	動 面倒を掛ける
冷起来	lěngqilai	寒くなってくる		麻烦您了	máfan nín le	お手数をお掛けしました
离	lí	前 〜から，〜まで ➡ p.46, 55		麻婆豆腐	mápó dòufu	マーボー豆腐
礼品	lǐpǐn	名 おみやげ，プレゼント		马	mǎ	名 馬
礼物	lǐwù	名 プレゼント		马上	mǎshàng	副 すぐに，直ちに
李	Lǐ	名 李（姓）		骂	mà	動 叱る，罵る
李香	Lǐ Xiāng	名 李香（氏名）		吗	ma	助 文末につけ，疑問の語気を表

			す ➡ p.35, 102
买	mǎi	動	買う
买不到	mǎibudào	動	（品切れで）買えない
买到	mǎidào	動	手に入れる，手に入る
买得到	mǎidedào	動	買える
买东西	mǎi dōngxi		買い物をする
麦克	Màikè	名	マイク（人名）
漫画	mànhuà	名	漫画
忙	máng	形	忙しい
芒果汁	mángguǒzhī	名	マンゴージュース
猫	māo	名	猫
毛	máo	量	毛（中国貨幣の単位，"角"の口語体）
毛衣	máoyī	名	セーター
贸易	màoyì	名	貿易
没关系	méi guānxi		かまいません，大丈夫です
没(有)	méi(you)	動	ない，持っていない ➡ p.39 ／～ほど～でない（比較に用いる）➡ p.85
		副	～していない，～しなかった ➡ p.54
梅田	Méitián	名	梅田（日本の地名）
每	měi	代	それぞれ，どの～も，毎～
每年	měi nián		毎年
每天	měi tiān		毎日
美	měi	形	美しい
美国	Měiguó	名	アメリカ
美国人	Měiguórén	名	アメリカ人
美食	měishí	名	美食
美术馆	měishùguǎn	名	美術館
美元	měiyuán	名	米ドル
妹	mèi	名	妹
妹妹	mèimei	名	妹，妹さん
门口	ménkǒu	名	出入り口，玄関
梦想	mèngxiǎng	動	渇望する
米	mǐ	量	メートル
面包	miànbāo	名	パン
面条(儿)	miàntiáo(r)	名	うどん，そばなどの麺類
名	míng	量	～名（人を数える）
名胜古迹	míngshèng gǔjì		名所旧跡
名字	míngzi	名	名前
明年	míngnián	名	来年
明天	míngtiān	名	明日
摩托车	mótuōchē	名	オートバイ
母亲	mǔqin	名	母親
木村学	Mùcūn Xué	名	木村学（氏名）
木下	Mùxià	名	木下（姓）

N

哪	nǎ	代	どれ
哪个	nǎ(něi)ge	代	どれ，どの
哪国人	nǎ guó rén		どこの国の人
哪里	nǎli	代	どこ
哪里哪里	nǎli nǎli		とんでもない，どういたしまして
哪儿	nǎr	代	どこ
哪位	nǎ(něi)wèi	代	どなた
哪些	nǎ(něi)xiē	代	どれ，どの（複数）
那	nà	代	それ，あれ
那(么)	nà(me)	接	それでは
那边儿	nàbianr	代	そこ，あそこ，あちら
那个	nà(nèi)ge	代	それ，あれ，その，あの
那里	nàli	代	そこ，あそこ
那么	nàme	代	そんなに，あんなに，そのように，あのように
那儿	nàr	代	そこ，あそこ
那些	nà(nèi)xiē	代	それら，あれら
奶奶	nǎinai	名	おばあさん，（父方の）祖母
男女	nánnǚ	名	男女
男女老少	nánnǚ lǎoshào		老若男女
南边儿	nánbianr	名	南，南側
南京路	Nánjīng Lù	名	南京路（上海一の繁華街）
南口	nánkǒu	名	南出口
南面	nánmiàn	名	南，南側
难	nán	形	難しい
呢	ne	助	～は？ ➡ p.35 ／文末に用い，疑問や動作の持続などの語気を強める ➡ p.93, 102
能	néng	助動	～することができる ➡ p.64, 101
能力	nénglì	名	能力
你	nǐ	代	あなた
你好	nǐ hǎo		こんにちは
你好吗	nǐ hǎo ma		お元気ですか
你看	nǐ kàn		ほら，ごらんください
你们	nǐmen	代	あなたたち
年	nián	量	～年
年级	niánjí	名	学年，～年生
年纪	niánjì	名	年齢
念	niàn	動	（声を出して）読む
鸟	niǎo	名	鳥

您	nín	代	あなたさま（"你"の尊称）
您早	nín zǎo		おはようございます
牛	niú	名	牛
牛奶	niúnǎi	名	牛乳
弄坏	nònghuài	動	いじり壊す
努力	nǔlì	形	努力する
女儿	nǚ'ér	名	娘
暖和	nuǎnhuo	形	暖かい

O

欧元	ōuyuán	名	ユーロ

P

拍	pāi	動	（写真を）撮る
拍照片	pāi zhàopiàn		写真を撮る
排球	páiqiú	名	バレーボール
跑	pǎo	動	走る
跑步	pǎo//bù	動	ジョギングをする
跑过来	pǎoguolai	動	走ってくる
跑过去	pǎoguoqu	動	走っていく
朋友	péngyou	名	友達
啤酒	píjiǔ	名	ビール
篇	piān	量	～編（文章を数える）
便宜	piányi	形	安い
票	piào	名	チケット
漂亮	piàoliang	形	きれいである，美しい
品尝	pǐncháng	動	味わう
乒乓球	pīngpāngqiú	名	卓球
瓶	píng	量	～本（瓶に入っているものを数える）
葡萄酒	pútaojiǔ	名	ワイン
普通话	pǔtōnghuà	名	標準語，共通語

Q

七	qī	数	7
骑	qí	動	（馬や自転車などに）乗る
骑车	qí chē		自転車に乗る，オートバイに乗る
骑走	qízǒu	動	乗っていく
旗袍	qípáo	名	チャイナドレス
起	qǐ	動	起きる
起不来	qǐbulái	動	起きられない
起床	qǐ//chuáng	動	起きる，起床する
起得来	qǐdelái	動	起きられる
起来	qǐlai	動	起きる／（方向補語として）～しはじめる ➡ p.87
汽车	qìchē	名	車
千	qiān	数	千
铅笔	qiānbǐ	名	鉛筆
前	qián	名	前
前边儿	qiánbianr	名	前，前方
前面	qiánmiàn	名	前，前方
前天	qiántiān	名	おととい
前头	qiántou	名	前，前方
钱	qián	名	お金
墙	qiáng	名	壁
清楚	qīngchu	形	はっきりしている
晴天	qíngtiān	名	晴れ
请	qǐng	動	～してください／招待する
请客	qǐng//kè	動	ご馳走する，おごる
请问	qǐngwèn	動	ちょっとお尋ねします
秋天	qiūtiān	名	秋
去	qù	動	行く／（方向補語として）～していく
去不了	qùbuliǎo	動	行くことができない
去得了	qùdeliǎo	動	行くことができる
去年	qùnián	名	去年
裙子	qúnzi	名	スカート

R

然后	ránhòu	接	それから
让	ràng	動	（使役文に用い）～に～させる ➡ p.78
		前	（受身文に用い）～に～される ➡ p.84
让您久等了	ràng nín jiǔ děng le		お待たせいたしました
热	rè	形	暑い
热狗	règǒu	名	ホットドッグ
热闹	rènao	形	賑やかである
热起来	rèqilai		暑くなってくる
人	rén	名	人
人民币	rénmínbì	名	人民元（中国の法定貨幣）
认识	rènshi	動	知り合う，知っている
认真	rènzhēn	形	真面目である
日	rì	量	～日（日にちを示す）
日本	Rìběn	名	日本
日本人	Rìběnrén	名	日本人
日语	Rìyǔ	名	日本語
日元	rìyuán	名	日本円，～円

肉包子	ròubāozi	名 肉まん
如果	rúguǒ	接 もし〜ならば ➡ p.99

S

三	sān	数 3
三明治	sānmíngzhì	名 サンドイッチ
伞	sǎn	名 傘
散步	sàn//bù	動 散歩する
嗓子	sǎngzi	名 喉，声
商场	shāngchǎng	名 マーケット
商务吧	shāngwùbā	名 ビジネスルーム
上	shàng	名 上／（時間や順序が）前の，先の／名詞＋上 shang 〜の上，〜の表面
		動 上がる，登る，通う，乗る
上班	shàng//bān	動 出勤する
上边儿	shàngbianr	名 上，上の方
上车	shàng//chē	動 乗車する
上个月	shàng ge yuè	先月
上(个)星期	shàng(ge)xīngqī	先週
上海	Shànghǎi	名 シャンハイ，上海（中国の地名）
上海话	Shànghǎihuà	名 上海語
上课	shàng//kè	動 授業を受ける，授業をする
上来	shànglai	動 上がってくる
上面	shàngmiàn	名 上，上の方
上去	shàngqu	動 上がっていく
上头	shàngtou	名 上，上の方
上网	shàng//wǎng	動 インターネットをする
上午	shàngwǔ	名 午前
上学	shàng//xué	動 学校に行く，通学する
蛇	shé	名 蛇
谁	shéi(shuí)	代 だれ，どなた
身体	shēntǐ	名 体
什么	shénme	代 なに，どんな，なんの，なにか
什么地方	shénme dìfang	どこ，どんな所
什么时候	shénme shíhou	いつ
神户	Shénhù	名 神戸（日本の地名）
生病	shēng//bìng	動 病気になる
生气	shēng//qì	動 怒る
生日	shēngrì	名 誕生日
圣诞节	Shèngdàn Jié	名 クリスマス
十	shí	数 10
时	shí	名 〜である時
时候	shíhou	名 〜である時
时间	shíjiān	名 時間，暇
食堂	shítáng	名 食堂
使用	shǐyòng	動 使う
世界	shìjiè	名 世界
市中心	shì zhōngxīn	市の中心部
事(儿)	shì(r)	名 用事，事柄
事情	shìqing	名 用事，事柄
是	shì	動 〜だ，〜である ➡ p.32
是啊	shì a	そうですね
是〜的	shì~de	〜したのだ ➡ p.64
是的	shì de	はい，そうです（肯定の返事）
是吗	shì ma	そうですか
收到	shōudào	動 受けとる
收获	shōuhuò	名 収穫
手	shǒu	名 手
手机	shǒujī	名 携帯電話
书	shū	名 本
书吧	shūbā	名 読書喫茶
书店	shūdiàn	名 本屋
舒服	shūfu	形 気分がよい
舒适	shūshì	形 快適である
输	shū	動 負ける
暑假	shǔjià	名 夏休み
属	shǔ	動 〜年生まれだ
鼠	shǔ	名 鼠
树	shù	名 木，樹木
树下	shù xià	木の下
刷卡	shuā//kǎ	動 クレジットカードで支払う
双	shuāng	量 〜組，〜足（対になっているものを数える）
谁	shuí(shéi)	代 だれ，どなた
水果	shuǐguǒ	名 果物
睡	shuì	動 寝る
睡觉	shuì//jiào	動 寝る
说	shuō	動 話す，言う，叱る
说错	shuōcuò	動 言い間違える
说话	shuō//huà	動 話す，雑談をする
四	sì	数 4
四川	Sìchuān	名 四川（中国の地名）
松下	Sōngxià	名 松下（姓）
送	sòng	動 贈る
送给〜	sònggěi	〜に贈る
虽然	suīrán	接 〜であるけれども
岁	suì	量 〜歳（年齢を数える）
所以	suǒyǐ	接 だから，したがって ➡ p.90

T

它	tā	代 それ，あれ
他	tā	代 彼
他们	tāmen	代 彼ら
她	tā	代 彼女
她们	tāmen	代 彼女たち
台	tái	量 ～台（機械などを数える）
台风	táifēng	名 台風
台湾	Táiwān	名 台湾
太～了	tài~le	大変～，あまりにも～すぎる
谈	tán	動 話す
躺	tǎng	動 横になる
趟	tàng	量 ～回，～度（一往復の回数を数える）
陶吧	táobā	名 陶芸教室
套	tào	量 ～セット，～組（組になっているものを数える）
特别	tèbié	副 特に
疼	téng	形 痛い
踢	tī	動 蹴る
踢足球	tī zúqiú	サッカーをする
提高	tígāo	動 高める
天	tiān	量 ～日間（日数を数える）
天津	Tiānjīn	名 テンシン，天津（中国の地名）
天气	tiānqì	名 天気
田中	Tiánzhōng	名 田中（姓）
条	tiáo	量 ～本，～匹（細長い物やある種の動物を数える）
跳舞	tiào//wǔ	動 踊る，ダンスをする
听	tīng	動 聞く
听不懂	tīngbudǒng	動 聞き取れない，聞いて分からない
听不清楚	tīngbuqīngchu	動 はっきりと聞き取れない
听错	tīngcuò	動 聞き間違える
听得懂	tīngdedǒng	動 聞き取れる，聞いて分かる
听得清楚	tīngdeqīngchu	動 はっきりと聞き取れる
听懂	tīngdǒng	動 （聞いて）分かる
听见	tīngjiàn	動 耳に入る，聞こえる
听说	tīngshuō	動 聞くところによれば～だそうだ ➡ p.53
停	tíng	動 （雨などが）やむ，停止する
挺	tǐng	副 とても
挺～的	tǐng~de	とても～
同学	tóngxué	名 同級生／～さん（学生に対する呼称）
痛	tòng	形 痛い
偷走	tōuzǒu	動 盗んでいく
头	tóu	名 頭
头疼	tóu téng	頭痛がする
突然	tūrán	副 突然
图书馆	túshūguǎn	名 図書館
兔	tù	名 ウサギ

W

哇	wa	助 ＝"啊" 感嘆などの語気を表す
外	wài	名 外
外币	wàibì	名 外貨
外边儿	wàibianr	名 外，外側
外国人	wàiguórén	名 外国人
外面	wàimiàn	名 外，外側
外滩	Wàitān	名 外灘，バンド（上海の観光スポット）
外头	wàitou	名 外，外側
～完	wán	動 （結果補語として）～し終える
玩儿	wánr	動 遊ぶ
晚	wǎn	形 （時間が）遅い
晚安	wǎn'ān	動 お休みなさい
晚到	wǎndào	動 遅れる
晚饭	wǎnfàn	名 夕飯
晚上	wǎnshang	名 晩，夜
晚上好	wǎnshang hǎo	こんばんは
万	wàn	数 万
王	Wáng	名 王（姓）
王府井	Wángfǔjǐng	名 ワンフーチン（北京の繁華街）
王国	wángguó	名 王国
网吧	wǎngbā	名 ネットカフェ
网球	wǎngqiú	名 テニス
往	wǎng	前 ～へ ➡ p.55
忘	wàng	動 忘れる
威士忌	wēishìjì	名 ウイスキー
为了	wèile	前 ～のために ➡ p.55, 82
为什么	wèi shénme	なぜ，どうして
味道	wèidao	名 味
文化	wénhuà	名 文化
文学	wénxué	名 文学
问	wèn	動 問う，尋ねる
问题	wèntí	名 質問，問題
翁	Wēng	名 翁（姓）
我	wǒ	代 私，僕
我们	wǒmen	代 私たち

卧龙	Wòlóng	名	臥龍（中国の地名，パンダ自然保護区）
乌龙茶	wūlóngchá	名	ウーロン茶
五	wǔ	数	5
午饭	wǔfàn	名	昼ご飯
雾	wù	名	霧

X

西安	Xī'ān	名	シーアン，西安（中国の地名）
西边儿	xībianr	名	西，西側
西面	xīmiàn	名	西，西側
稀饭	xīfàn	名	おかゆ
习惯	xíguàn	動	慣れる
		名	習慣
洗澡	xǐ//zǎo	動	入浴する，お風呂に入る
喜爱	xǐ'ài	動	好きである，好む
喜欢	xǐhuan	動	好きである，好む
下	xià	名	下，（時間や順序が）次の
		動	下りる，（雪や雨が）降る
下班	xià//bān	動	退勤する
下边儿	xiàbianr	名	下，下の方
下车	xià//chē	動	下車する
下(个)星期	xià (ge) xīngqī		来週
下个月	xià ge yuè		来月
下课	xià//kè	動	授業が終わる
下来	xiàlai	動	下りてくる
下面	xiàmiàn	名	下，次
下起雨来	xiàqǐ yǔ lái		雨が降り出す
下去	xiàqu	動	下りていく
下午	xiàwǔ	名	午後
下雪	xià xuě		雪が降る
下雨	xià yǔ		雨が降る
下周	xiàzhōu	名	来週
夏天	xiàtiān	名	夏
先	xiān	副	先に，まず
先生	xiānsheng	名	～さん（成人男性に対する敬称）
现金	xiànjīn	名	現金
现在	xiànzài	名	いま
香港	Xiānggǎng	名	ホンコン，香港
想	xiǎng	動	思う，考える
		助動	～したいと思う
			➡ p.52, 101
想起来	xiǎngqilai	動	思い出す
向	xiàng	前	～へ，～に
相机	xiàngjī	名	カメラ
小	xiǎo	形	小さい，年下である
		接頭	～くん，～さん（目下や同輩の姓の前につけ，親しみを表す）
小吃	xiǎochī	名	軽食
小姐	xiǎojiě	名	～さん（若い女性に対する敬称）
小李	Xiǎo Lǐ		李さん，李くん
小林	Xiǎolín	名	小林（姓）
小笼包	xiǎolóngbāo	名	小籠包（ショーロンポー，上海の名物）
小时	xiǎoshí	名	～時間（時間を数える単位）
小说	xiǎoshuō	名	小説
小王	Xiǎo Wáng		王さん，王くん
小学	xiǎoxué	名	小学校
小学生	xiǎoxuéshēng	名	小学生
小张	Xiǎo Zhāng		張さん，張くん
笑	xiào	動	笑う，ほほえむ
笑起来	xiàoqilai	動	笑い出す
鞋	xié	名	靴
写	xiě	動	書く
写错	xiěcuò	動	書き間違える
写好	xiěhǎo	動	書き終わる，書き終える
写信	xiě xìn		手紙を書く
谢谢	xièxie	動	ありがとう，感謝する
新天地	Xīntiāndì	名	新天地（上海近代建築「石庫門」を生かした造りの娯楽施設）
信	xìn	名	手紙
信用卡	xìnyòngkǎ	名	クレジットカード
星期	xīngqī	名	曜日，週，週間
星期二	xīngqī'èr	名	火曜日
星期几	xīngqī jǐ		何曜日
星期六	xīngqīliù	名	土曜日
星期日	xīngqīrì	名	日曜日
星期三	xīngqīsān	名	水曜日
星期四	xīngqīsì	名	木曜日
星期天	xīngqītiān	名	日曜日
星期五	xīngqīwǔ	名	金曜日
星期一	xīngqīyī	名	月曜日
行	xíng	動	="可以" よろしい
行李	xíngli	名	荷物
兴趣	xìngqù	名	興味
姓	xìng	動	～という姓である

熊	xióng	名 熊
熊猫	xióngmāo	名 パンダ
休息	xiūxi	動 休む
需要	xūyào	動 要る
选	xuǎn	動 選ぶ
学	xué	動 習う
学好	xuéhǎo	動 マスターする
学会	xuéhuì	動 マスターする
学生	xuésheng	名 学生
学习	xuéxí	動 勉強する
学校	xuéxiào	名 学校
雪	xuě	名 雪
雪碧	Xuěbì	名 スプライト

Y

牙	yá	名 歯
烟	yān	名 タバコ，煙
颜色	yánsè	名 色
眼镜	yǎnjìng	名 メガネ
羊	yáng	名 羊
要	yào	動 要る，かかる，注文する / 助動 ～したい／～しなければならない ➡ p.66,101 ／まもなく（文末に"了"を伴う）
要～了	yào~le	もうすぐ～する ➡ p.56, 100
要是	yàoshi	接 もし～ならば ➡ p.73, 99
钥匙	yàoshi	名 鍵
爷爷	yéye	名 おじいさん，（父方の）祖父
也	yě	副 も
页	yè	量 ページ
夜景	yèjǐng	名 夜景
一	yī	数 1
一般	yìbān	形 普通，一般
一边～一边～	yìbiān~yìbiān~	～しながら～する ➡ p.78
一点儿	yìdiǎnr	数量 少し
一定	yídìng	副 必ず，きっと
一共	yígòng	副 合計で
一会儿	yíhuìr	数量 しばらく
一～就～	yī~jiù~	～すると，（すぐ）～する ➡ p.91
一块儿	yíkuàir	副 一緒に
一起	yìqǐ	副 一緒に
一下	yíxià	数量 （動詞の後に用い）ちょっと～する ➡ p.75
一些	yìxiē	数量 少し
一样	yíyàng	形 同じである
伊妹儿	yīmèir	名 電子メール
衣服	yīfu	名 服
医生	yīshēng	名 医者
医院	yīyuàn	名 病院
颐和园	Yíhéyuán	名 頤和園（北京の名所）
已经	yǐjīng	副 すでに
以后	yǐhòu	名 ～してから，以後
以外	yǐwài	名 以外，～のほかに
椅子	yǐzi	名 椅子
因此	yīncǐ	接 だから，従って
因为～	yīnwèi	接 ～なので，～だから（原因や理由を表す）➡ p.90
阴天	yīntiān	名 曇り
音乐	yīnyuè	名 音楽
音乐吧	yīnyuèbā	名 ミュージックバー
银	yín	名 銀
银行	yínháng	名 銀行
应该	yīnggāi	助動 ～すべきである
英镑	yīngbàng	名 英ポンド
英国	Yīngguó	名 イギリス
英语	Yīngyǔ	名 英語
樱花	yīnghuā	名 桜
赢	yíng	動 勝つ
硬币	yìngbì	名 硬貨
用	yòng	動 使う
用不了	yòngbuliǎo	動 かからない，使い切れない
邮件	yóujiàn	名 電子メール
邮局	yóujú	名 郵便局
邮票	yóupiào	名 切手
游	yóu	動 泳ぐ
游览	yóulǎn	動 遊覧する
游泳	yóu//yǒng	動 泳ぐ
有	yǒu	動 ある，いる，持っている
有点儿	yǒudiǎnr	副 少し
有事(儿)	yǒu shì(r)	用事がある
有意思	yǒu yìsi	面白い
又	yòu	副 また
又～又～	yòu~yòu~	～である上に～ ➡ p.81
右	yòu	名 右
右边儿	yòubianr	名 右，右側
右面	yòumiàn	名 右，右側
于是	yúshì	接 そこで，それで
鱼	yú	名 魚
雨	yǔ	名 雨

雨天	yǔtiān	名	雨天
豫园	Yùyuán	名	ヨエン，豫園（上海の名所）
豫园商场	Yùyuán Shāngchǎng	名	豫園商場（上海の名所）
元	yuán	量	元（中国貨幣の単位）
园林	yuánlín	名	庭園，園林
圆珠笔	yuánzhūbǐ	名	ボールペン
远	yuǎn	形	遠い
愿意	yuànyì	助動	～したいと思う
约好	yuēhǎo	動	約束する
月	yuè	名	～月（月順，月の単位を示す）
越～越	yuè~yuè	副	～であれば～であるほど
云	yún	名	雲

Z

杂技	zájì	名	雑技，曲芸
杂技表演	zájì biǎoyǎn		雑技の演技
杂志	zázhì	名	雑誌
在	zài	動	いる，ある ➡ p.38, 41
		前	～で（～する）➡ p.38, 55
		副	～している ➡ p.38, 100
再	zài	副	再び，それから
再见	zàijiàn	動	また会いましょう
咱们	zánmen	代	私たち（話し手と聞き手の双方を含む）
早	zǎo	形	（時間が）早い
早饭	zǎofàn	名	朝食
早上	zǎoshang	名	朝
怎么	zěnme	代	どのように，どうして ➡ p.47
怎么了	zěnme le		どうしましたか
怎么样	zěnmeyàng	代	どうですか
站	zhàn	動	立つ
站起来	zhànqilai	動	立ち上がる
张	zhāng	量	～枚，～脚（切符，紙，机などを数える）
张	Zhāng	名	張（姓）
长	zhǎng	動	成長する
找到	zhǎodào	動	見つける，見つかる
照片	zhàopiàn	名	写真
照相	zhào//xiàng	動	写真を撮る
照相机	zhàoxiàngjī	名	カメラ
这	zhè	代	これ，それ
这次	zhè cì		今回
这个	zhè(zhèi)ge	代	これ，それ，この，その
这个星期	zhège xīngqī		今週
这里	zhèli	代	ここ，そこ
这么	zhème	代	こんなに，そんなに，このように，そのように
这儿	zhèr	代	ここ，そこ
这些	zhè(zhèi)xiē	代	これら，それら
着	zhe	助	～して（～する）➡ p.72／～している ➡ p.90, 100
珍贵	zhēnguì	形	貴重である
真	zhēn	副	本当に，じつに
正	zhèng	副	～しているところだ ➡ p.100
正要	zhèngyào	副	ちょうど～しようとする
正在	zhèngzài	副	～しているところだ ➡ p.90, 100
政治	zhèngzhì	名	政治
之一	zhī yī		～の一つ
只	zhī	量	～匹，～頭（動物などを数える）
枝	zhī	量	～本（棒状のものなどを数える）
知道	zhīdao	動	知っている
值得	zhídé	動	～する値打ちがある
只	zhǐ	副	だけ ➡ p.53
纸	zhǐ	名	紙
纸币	zhǐbì	名	紙幣
中	zhōng	名	中
中村	Zhōngcūn	名	中村（姓）
中国	Zhōngguó	名	中国
中国菜	Zhōngguócài	名	中華料理
中国人	Zhōngguórén	名	中国人
中文	Zhōngwén	名	中国語
中文报	Zhōngwén bào		中国語の新聞
中文歌	Zhōngwén gē		中国語の歌
中午	zhōngwǔ	名	昼
中心	zhōngxīn	名	中心地，中心部，～センター
钟头	zhōngtóu	名	～時間（時間を数える単位）
种	zhǒng	量	～種類
种类	zhǒnglèi	名	種類
周	zhōu	名	～週間
周末	zhōumò	名	週末
猪	zhū	名	豚
竹叶	zhúyè	名	竹の葉，笹
住	zhù	動	泊まる，住む，止む
住院	zhù//yuàn	動	入院する
专业	zhuānyè	名	専攻
准备	zhǔnbèi	動	～するつもりだ，準備する

桌子	zhuōzi	名 机		左	zuǒ	名 左	
字	zì	名 字		左边儿	zuǒbianr	名 左, 左側	
自行车	zìxíngchē	名 自転車		左面	zuǒmiàn	名 左, 左側	
粽子	zòngzi	名 ちまき		左右	zuǒyòu	名 くらい	
走	zǒu	動 行く, 歩く		佐藤	Zuǒténg	名 佐藤（姓）	
走进来	zǒujinlai	動 入ってくる		作业	zuòyè	名 宿題	
走进去	zǒujinqu	動 入っていく		坐	zuò	動 乗る, 座る	
走上来	zǒushanglai	動 歩いて上がってくる		坐车	zuò chē	車に乗る	
走上去	zǒushangqu	動 歩いて上がっていく		坐地铁	zuò dìtiě	地下鉄に乗る	
走着去	zǒuzhe qù	歩いて行く		坐电梯	zuò diàntī	エレベーターに乗る	
足球	zúqiú	名 サッカー		座	zuò	量 山・建築物・橋などを数える	
最	zuì	副 もっとも		做	zuò	動 作る, する, やる	
最近	zuìjìn	名 近頃, 最近		做菜	zuò cài	料理を作る	
昨天	zuótiān	名 昨日		做好	zuòhǎo	動 し終わる, し終える	
昨晚	zuówǎn	名 昨夜					

中国語音節表

声母＼韻母	a	o	e	-i [ɿ] [ʅ]	er	ai	ei	ao	ou	an	en	ang	eng	ong	i	ia	ie	iao	iou/-iu
b	ba	bo				bai	bei	bao		ban	ben	bang	beng		bi		bie	biao	
p	pa	po				pai	pei	pao	pou	pan	pen	pang	peng		pi		pie	piao	
m	ma	mo	me			mai	mei	mao	mou	man	men	mang	meng		mi		mie	miao	miu
f	fa	fo					fei		fou	fan	fen	fang	feng						
d	da		de			dai	dei	dao	dou	dan	den	dang	deng	dong	di	dia	die	diao	diu
t	ta		te			tai		tao	tou	tan		tang	teng	tong	ti		tie	tiao	
n	na		ne			nai	nei	nao	nou	nan	nen	nang	neng	nong	ni		nie	niao	niu
l	la	lo	le			lai	lei	lao	lou	lan		lang	leng	long	li	lia	lie	liao	liu
g	ga		ge			gai	gei	gao	gou	gan	gen	gang	geng	gong					
k	ka		ke			kai	kei	kao	kou	kan	ken	kang	keng	kong					
h	ha		he			hai	hei	hao	hou	han	hen	hang	heng	hong					
j															ji	jia	jie	jiao	jiu
q															qi	qia	qie	qiao	qiu
x															xi	xia	xie	xiao	xiu
zh	zha		zhe	zhi		zhai	zhei	zhao	zhou	zhan	zhen	zhang	zheng	zhong					
ch	cha		che	chi		chai		chao	chou	chan	chen	chang	cheng	chong					
sh	sha		she	shi		shai	shei	shao	shou	shan	shen	shang	sheng						
r			re	ri				rao	rou	ran	ren	rang	reng	rong					
z	za		ze	zi		zai	zei	zao	zou	zan	zen	zang	zeng	zong					
c	ca		ce	ci		cai		cao	cou	can	cen	cang	ceng	cong					
s	sa		se	si		sai		sao	sou	san	sen	sang	seng	song					
ゼロ	a	o	e		er	ai	ei	ao	ou	an	en	ang			yi	ya	ye	yao	you

134

2 (介音 i)					3 (介音 u)								4 (介音 ü)			
ian	in	iang	ing	iong	u	ua	uo	uai	uei -ui	uan	uen -un	uang	ueng	ü	üe	üan	ün
bian	bin		bing		bu												
pian	pin		ping		pu												
mian	min		ming		mu												
					fu												
dian			ding		du		duo		dui	duan	dun						
tian			ting		tu		tuo		tui	tuan	tun						
nian	nin	niang	ning		nu		nuo			nuan				nü	nüe		
lian	lin	liang	ling		lu		luo			luan	lun			lü	lüe		
					gu	gua	guo	guai	gui	guan	gun	guang					
					ku	kua	kuo	kuai	kui	kuan	kun	kuang					
					hu	hua	huo	huai	hui	huan	hun	huang					
jian	jin	jiang	jing	jiong										ju	jue	juan	jun
qian	qin	qiang	qing	qiong										qu	que	quan	qun
xian	xin	xiang	xing	xiong										xu	xue	xuan	xun
					zhu	zhua	zhuo	zhuai	zhui	zhuan	zhun	zhuang					
					chu	chua	chuo	chuai	chui	chuan	chun	chuang					
					shu	shua	shuo	shuai	shui	shuan	shun	shuang					
					ru		ruo		rui	ruan	run						
					zu		zuo		zui	zuan	zun						
					cu		cuo		cui	cuan	cun						
					su		suo		sui	suan	sun						
yan	yin	yang	ying	yong	wu	wa	wo	wai	wei	wan	wen	wang	weng	yu	yue	yuan	yun

胡金定（こ　きんてい）
　　甲南大学
　　国際言語文化センター教授

吐山明月（はやま　めいげつ）
　　甲南大学
　　国際言語文化センター非常勤講師

楽しく読める中国語　音声ダウンロード

2013 年 4 月 8 日　初版第 1 刷発行
2022 年 3 月 18 日　第 6 刷 発 行

著　者　胡金定・吐山明月
発行者　佐藤康夫
発行所　白 帝 社
　　〒171-0014　東京都豊島区池袋 2-65-1
　　電話　03-3986-3271　　FAX　03-3986-3272
　　http://www.hakuteisha.co.jp/

印刷　倉敷印刷（株）　　製本　（株）ティーケー出版印刷

Printed in Japan　　　　　　　　　6914　ISBN978-4-86398-080-8
造本には十分注意しておりますが落丁乱丁の際はおとりかえいたします。

CD-ROM付
中国語基礎文法トレーニング
［改訂版］付・ワークブック

胡金定・吐山明月　著

■全5ユニット■基礎文法を整理し、中検4級から3級レベルの練習問題を解きながら実力を養う。

◆B5判　128p.＋ワークブック88p
◆定価［本体2700円＋税］

CD付　中級講読テキスト
中国文化散歩

胡金定 監修
衛榕群・山添秀子・于耀明・鄭萍　著

■全12課■中国人の日常生活と各地の習慣から中国文化が理解できるよう編集。平易で暗誦しやすい文章からなる。

◆B5判　78p.
◆定価［本体2500円＋税］